歴史的建造物の再生と
ツーリズム
ジェントリフィケーション

Renovation of Historical Buildings and
Tourism Gentrification

池田 千恵子

古今書院

Renovation of Historical Buildings and Tourism Gentrification

by IKEDA Chieko

ISBN978-4-7722-9022-7

Copyright © 2025 by IKEDA Chieko

Kokon Shoin Publishers Ltd., Tokyo

目　　次

序章　観光産業の需要に揺らぐ日本………………………………………… *1*

1. インバウンドによる観光需要の増加　　*1*

2. オーバーツーリズムによる影響　　*3*

3. 宿泊需要の拡大　　*4*

4. COVID-19 による観光需要の変化　　*6*

5. ツーリズムジェントリフィケーションと地域の変容　　*8*

6. アルベルゴ・ディフーゾと観光まちづくり　　*10*

7. リノベーションまちづくりによる中心市街地の再生と観光地化　　*12*

第1部　インナーシティ問題と地域の再生

第1章　インナーシティ問題とジェントリフィケーション……………*16*

1. はじめに　　*16*

2. インナーシティ問題　　*17*

3. ジェントリフィケーション　　*19*

4. 衰退地域の再生とジェントリフィケーション　　*20*

5. 日本におけるインナーシティ問題　　*22*

　（1）インナーシティ問題の発現　　*22*

　（2）共同住宅によるインナーシティへの人口回帰　　*25*

6. 京都市におけるインナーシティ問題　　*26*

　（1）京都市のインナーシティ問題の検証　　*26*

i

（2）経済的衰退　　*27*

（3）社会的不利益の集積　　*30*

（4）物的衰微　　*34*

7. インナーシティの再生とツーリズムジェントリフィケーション　　*36*

（1）観光客数の増加と宿泊施設の不足　　*36*

（2）簡易宿所の再利用によるインナーシティ問題の解消　　*37*

（3）ツーリズムジェントリフィケーションの発現　　*38*

8. おわりに　　*39*

第2章　町家のゲストハウスへの再利用と地域に及ぼす影響 ……………*41*
－京都市東山区六原－

1. はじめに　　*41*

2. 町家のゲストハウスとしての再利用　　*43*

3. 京都市六原の概要　　*44*

4. 京都市における町家ゲストハウスの急増の背景と地域差　　*46*

（1）町家ゲストハウスの増加の背景　　*46*

（2）京都市中心部における簡易宿所の分布　　*48*

5. 六原における町家ゲストハウス増加の影響　　*50*

（1）六原における町家ゲストハウスの特徴　　*50*

（2）町家ゲストハウスが地域に及ぼす影響　　*54*

6. 地域住民の対応と取組み　　*57*

7. おわりに　　*58*

第3章　花街の衰退と観光需要による再生－京都市下京区菊浜－ …………*63*

1. 京都市における観光需要の増加　　*63*

2. 京都市における宿泊需要の増加　　*64*

3. 京都市下京区菊浜における簡易宿所の増加　　*65*

（1）京都市下京区菊浜の概要　　*65*

（2）菊浜における簡易宿所の立地と増加の要因　　*67*

4．地域に及ぼす影響　*68*

5．簡易宿所の減少　*71*

　（1）COVID-19 以前の京都市の状況　*71*

　（2）COVID-19 以降の京都市の状況　*72*

6．菊浜における簡易宿所の営業状況　*73*

7．町家の再利用と地域の再生　*75*

第2部　歴史的建造物の再利用と地域の変容

第4章　歴史的建造物の再利用と地域の変容−石川県金沢市ひがし茶屋街−···*80*

1．金沢市における観光需要の増加　*80*

2．金沢市東山の概要　*81*

3．観光客の増加と観光関連施設の増加　*83*

　（1）簡易宿所の増加　*83*

　（2）簡易宿所の増加の要因と立地特性　*84*

　（3）観光客向けの商業施設の増加　*87*

　（4）景観保全と茶屋街の風情の継承　*89*

4．地域に及ぼす影響　*90*

　（1）簡易宿所による地域への影響　*90*

　（2）観光需要の拡大と路線価の上昇　*92*

5．景観保全と観光振興　*93*

第5章　インバウンド施策と商業施設の変化−兵庫県城崎温泉−············*97*

1．インバウンド施策による地域の再生　*97*

2．城崎温泉における訪日外国人旅行者の増加　*99*

　（1）兵庫県豊岡市城崎温泉の概要　*99*

　（2）宿泊客数の変化と訪日外国人旅行者の増加　*101*

　（3）過疎地域戦略プロジェクト　*103*

iii

3. ツーリズムジェントリフィケーション　*105*

　　(1) 商業集積の変化と継業　*105*

　　(2) 路線価の上昇　*108*

　　(3) ツーリズムジェントリフィケーションの兆候　*109*

4. 城崎温泉における景観保全　*110*

5. 景観保全と観光振興　*113*

第6章　アルベルゴ・ディフーゾによる地域の再生−岡山県矢掛町−……*116*

1. アルベルゴ・ディフーゾ　*116*

2. 矢掛町における観光施策　*118*

　　(1) 岡山県矢田郡矢掛町の概要　*118*

　　(2) 矢掛商店街における景観整備　*119*

　　(3) 賑わいのまちやかげ宿　*120*

3. 地域に及ぼす影響　*122*

　　(1) 商業施設数の変化　*122*

　　(2) 新規事業者の特性　*123*

　　(3) 観光客数の変化と公示地価　*125*

　　(4) まるごと道の駅　*126*

4. アルベルゴ・ディフーゾを支える体制　*127*

5. 地域協働による観光振興　*128*

第3部　リノベーションまちづくりと地域の再生

第7章　家守によるリノベーションと市場の再生 −新潟市沼垂地区−……*132*

1. 旧市場のリノベーションによる再生　*132*

　　(1) リノベーションまちづくりと家守　*132*

　　(2) 旧市場の再生と家守　*133*

2. 新潟市沼垂地区の衰退　*134*

iv

目　次

　　3．旧市場の再利用による商店街の再生　*136*
　　　（1）家守による商店街の再生　*136*
　　　（2）沼垂テラス商店街の家守業　*137*
　　4．沼垂テラス商店街の店舗と店主　*138*
　　5．沼垂テラス商店街の効果　*141*
　　　（1）新たな顧客層の獲得　*141*
　　　（2）地域の再活性化　*142*
　　　（3）沼垂テラス商店街の波及効果　*144*
　　6．メディアの取材の増加と観光地化　*144*
　　　（1）メディア掲載数の増加　*144*
　　　（2）行政による環境整備　*145*
　　7．沼垂テラス商店街の家守業　*145*
　　8．地域住民への影響　*147*
　　9．遊休不動産の再利用とリノベーション　*148*

第8章　リノベーションによる中心市街地の再生−新潟市上古町商店街−…*151*

　　1．リノベーションと中心市街地の再生　*151*
　　　（1）遊休不動産の再利用　*151*
　　　（2）中心市街地活性化基本計画による地域再生　*152*
　　2．古町地区の衰退と上古町商店街　*154*
　　3．クリエイターによる地域再生　*155*
　　　（1）アーケードの改修と湊町商人の精神　*155*
　　　（2）クリエイターを中心とした地域再生　*157*
　　4．上古町商店街の業種構成と顧客　*159*
　　5．新規事業者の志向と営業スタイル　*160*
　　6．上古町商店街の再生の効果　*162*
　　7．中心市街地の再生と観光地化　*163*

v

第9章　リノベーションプロジェクトと新規事業者−長野県小諸市−…… 167

1. リノベーションによる地域再生　*167*

2. アルベルゴ・ディフーゾと地域再生　*168*

3. 小諸市におけるアルベルゴ・ディフーゾ　*170*

   (1) 小諸市の歴史　*170*

   (2) まちなかホテル計画　*171*

   (3) 中断したアルベルゴ・ディフーゾ構想　*172*

4. リノベーションまちづくり　*174*

   (1) 小諸駅前周辺の新規出店の増加　*174*

   (2) おしゃれ田舎プロジェクト　*176*

   (3) おしゃれ田舎プロジェクトの活動　*177*

5. 新規店舗と地域住民　*178*

   (1) 地域住民の認識　*178*

   (2) 地域事業者の反応　*179*

6. 小諸市におけるアルベルゴ・ディフーゾの可能性　*180*

   (1) 地域資源とネットワーク　*180*

   (2) こもろまちたね広場　*181*

7. おわりに　*182*

終章　持続可能な観光と地域再生………………………………………… 185

1. 遊休不動産の再利用と地域の再生　*185*

2. 観光による地域の消費とツーリズムジェントリフィケーション　*187*

3. 地域住民が主体となる観光振興と分散型宿泊施設　*188*

4. 持続可能な地域の再生とは　*189*

文　　献　*193*

あとがき　*203*

索　　引　*207*

序　章

観光産業の需要に揺らぐ日本

1．インバウンドによる観光需要の増加

　日本では、2003年1月に「2010年までに訪日外国人旅行者を1000万人にする」という目標が掲げられ、同年4月にビジット・ジャパン・キャンペーン（Visit JAPAN Campaign）が開始されてから、訪日外国人旅行者数が大幅に増加した。図1は訪日外国人旅行者の2009年から2023年の推移である。2010年の1000万人という目標は860万人と未達で終わったが、2020年の2000万人という目標は、2016年に2400万人と早期に達成し、2018年には3119万人と3000万人

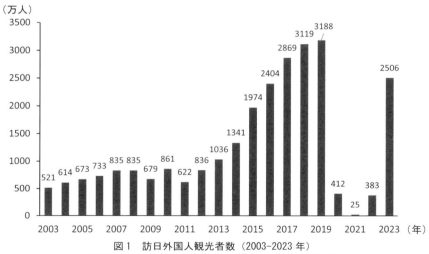

図1　訪日外国人観光者数（2003-2023年）
観光庁（2023）『観光白書（令和6年版）』により作成.

1

を超えたことで、外国人旅行者受入数は世界で 11 位、アジア圏では 3 位になった[1]。

　観光は地方創生の切り札として日本の成長戦略の一つとして位置付けられ、ビザの緩和や訪日外国人旅行者向けの消費税免税制度の拡充、航空・鉄道・港湾等の交通ネットワークの充実、多言語表記をはじめとする受入環境整備などが行われてきた。また、日本政府観光局をはじめとした行政やインバウンド関係者の連携によるプロモーションなども功を奏し、訪日外国人旅行者数が増加した。

　2016 年に訪日外国人旅行者数が 2000 万人の目標を達成したことにより、日本政府は 2020 年の目標を 4000 万人へと上方修正したが、COVID-19 による渡航制限によりこの目標は達成できなかった。また、日韓関係の悪化により 2019 年の実績が 3190 万人と低調となり、COVID-19 により延期になった東京オリンピックが 2020 年に開催されていたとしても、4000 万人の目標達成は難しいと見なされていた。

　日韓関係は韓国最高裁が 2018 年 10 月、日本企業に元徴用工への賠償を命じた判決を機に悪化し、日本が 2019 年 7 月に事実上の対抗措置として輸出規制に踏みきったことで、韓国側でも日本製品の不買運動が起こり、観光にも大きな影響を与えた。その結果、2019 年は東アジアでは中国が 14.5％と 2 桁を超える伸び率となり 950 万人を超えた一方で、韓国では前年比 25.9％減と東アジア全体として前年比 2.3％減の 2236 万人の訪日外国人旅行者数になった[2]。

　このように観光が地方創生の切り札として日本の成長戦略の一つに位置付けられた背景には、産業構造の変化や人口減少による地方都市の衰退などが起因している。

　本書では、「第 1 章　インナーシティ問題とジェントリフィケーション」において京都市におけるインナーシティ問題に言及し、観光需要の高まりによる宿泊施設や観光関連施設の増加とその背景を元学区単位で検討した。

　人口減少が続き、老年化指数が上がり、空き家が増加している地域では宿泊施設が増加している。これらが地域に及ぼす影響については、第 2 章で京都市六原地区、第 3 章で京都市菊浜地区における状況について、その詳細を示した。

2. オーバーツーリズムによる影響

　オーバーツーリズムの語源は、2016 年にスキフト（Skift）社が「オーバーツーリズム」ということばを使用したことに始まるとされている[3]。スキフト社は、オーバーツーリズムを、「世界中の人気観光地にとって多くのリスクをはらみ、観光が持続可能な枠組みを持って適切に管理されない場合、地域住民に計り知れない影響を及ぼすもの」として示した。その後、「オーバーツーリズム」にはいくつかの定義が示されている。国連世界観光機関（UNWTO：United Nations World Tourism Organization）は、「ある観光地において、自然環境、経済、社会文化にダメージを与えずに、観光客の満足度を下げることなく、1 度に訪問できる最大の観光客数を超過した観光資源の過剰利用とその結果生じる問題事象」と示した。日本では観光庁発行の『観光白書』内で「特定の観光地において、訪問客の著しい増加などが、市民生活や自然環境、景観等に対する負の影響を受忍できない程度にもたらしたり、旅行者にとっても満足度を大幅に低下させたりするような観光の状況は、最近では「オーバーツーリズム（Overtourism）」と呼ばれるようになっている。」と示した。

　また、オーバーツーリズムは「市民生活の質および（あるいは）訪問客の体験の質に過度に負の影響を与えてしまう観光のありよう」とも定義されている（阿部 2019）。オーバーツーリズムは一般的な用語として定着し、『知恵蔵』（朝日新聞社）でも、「観光地において、観光客の過度な増加が、地元住民の生活や自然環境に悪影響を及ぼしたり、土地の魅力を低下させたりすることを示す造語。近年、ごみのポイ捨てや自然破壊、文化財の損傷のほか、観光バスによる交通渋滞や混雑、立ち入り禁止区域への侵入・撮影、夜間の騒音などが、世界各地の観光地で問題となっている。日本では『観光公害』とも言われている。」と示されている。

　それでは、日本におけるオーバーツーリズムにはどのような事象があるのか。表1は、観光庁・国土交通政策研究所が 2018 年に地方自治体を対象に実施したアンケート結果である[4]。地方自治体が注視しているものとして、①マ

表1 観光地（地方自治体）類型別による課題発生状況

項目	観点	割合
マナー・ルール	観光客によるトイレの不適切な利用	25.4%
	観光客による住宅地や公共の場へのごみ投棄	20.3%
	観光客による立入禁止区域への侵入	15.9%
混雑	観光客によるマイカーや観光バス等による交通渋滞	38.4%
	観光施設の混雑による観光客の満足度の低下	15.2%
自然環境保護	観光客によるゴミの増加	17.4%
土地利用・宿泊施設等	宿泊施設の不足	30.4%
地域経済への影響	日帰り客等の増加による観光収益の漏出	31.2%
	観光客の季節変動による観光従業者の雇用の不安定さ	21.7%
危機管理全般	緊急時等の観光客の安全確保・トラブル対応	23.9%

観光庁（2019）『観光白書（令和元年版）』により作成.

イカーや観光バスによる渋滞（38.4%）、②日帰り客等の増加による観光収益の漏出（31.2%）、③宿泊施設の不足（30.4%）が示されている。マイカーや観光バスによる渋滞などは、有名な観光地では常態化し、例えば伊勢神宮では国道23号で渋滞を通過するのに最大約78分を要するなど、近隣の住民の生活に支障を及ぼしている。

　日帰り客等の増加による観光収益の漏出に関しては、他にも大型クルーズ船による日帰り旅行などがある。大手旅行会社が港から観光地まで交通手段を賄い、ドラッグストアなどナショナルチェーンへの買い物に誘導した場合、収益は運営会社の東京本社に流れ、地元には利益をもたらさない構造になっている。これらは、観光リーケージというもので、観光収入が地元地域には落ちず、他地域に漏出してしまうことを意味する。このように観光地においては、域内にお金が流れる仕組みが必要になっている。

3. 宿泊需要の拡大

　訪日外国人旅行者の増加に伴い、観光地では宿泊施設が増加している。京都市では、2015年に外国人宿泊者数が316万人（延宿泊客数725万泊）と過去最高を記録し、対前年伸び率は73%増（133万人増）、2年間では180%増（203

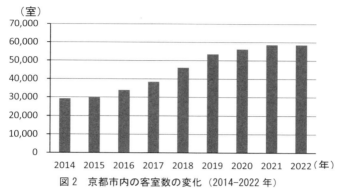

図2　京都市内の客室数の変化（2014-2022年）
京都市民泊ポータルサイト（2023）「旅館業法許可施設の推移（令和5年3月末時点）」により作成.

万人増）となり、2014年の対前年比伸び率62%に続き、訪日外国人旅行者数が急激に増加した。その結果、市内の主要ホテルの年間平均稼働率は約90%で推移し、旅館の稼働率も全国平均の2倍近い70%になるなど、宿泊施設の予約が非常に困難な状態になった。宿泊需要に対して宿泊室数の不足が常態化したため、京都市では2020年までに4万室が必要とされ、2015年時点で1万室が不足していると試算した。この状況を受け、京都市は多様で魅力的な宿泊施設を拡充し、拡充先を中心部だけではなく市全域で展開することにより、地域の活性化につなげるという「京都市宿泊施設拡充・誘致方針」を打ち出した[5]。

それ程に逼迫していた宿泊施設であるが、民間企業による宿泊施設への投資により、2018年には4万6,147室と目標の4万室を超え（図2）、その後も宿泊施設の開業が続いたため、2022年には5万7,488室と、当初必要としていた4万室に対する充足率が143.7%になった[6]。京都市では、特に町家を再利用した一棟貸しのゲストハウスが増加し、地域に様々な影響を及ぼした（第2章・第3章）。

このような宿泊施設の増加は観光地を中心に日本全国で生じている。金沢市でもホテルの建設ラッシュが続き、金沢市内の宿泊室数は、旅館、ホテル、簡易宿所を合わせ2014年の8,637室から2022年には1万3,543室に増加した。特にホテルは、7,904室（2014年）から1万974室（2019年）と大幅に客室数を伸ばした[7]。金沢市でホテルの客室数が大幅に増加した理由は3つある。一

つめは、金融機関の超低金利に伴う収益の悪化やデジタル化による支店の統廃合や移転により、ホテルに適した用地が市場に放出されたことである。金沢市の上堤町から南町の金融機関が集積していた百万石通りでは、支店の統廃合により空きビルが増加し、その跡地でのホテルの開業が続いた。

　二つめは、中心市街地の衰退である。片町や堅町などかつて繁華街として栄えていた地域が衰退し、テナントが撤退したまま老朽化したビルが増加した。このような老朽化したビルがホテル用地として買収され、ホテル建設が進んだ。金沢駅の東口だけではなく、西口も開発が進み、金沢市においては宿泊客数を上回る宿泊施設が開業した。このような観光地における過剰な宿泊施設の開業は新型コロナ禍以前でも過当競争を引き起こしていたが、COVID-19 の発現により、宿泊施設が完成しても、国内外の宿泊客数の減少により開業ができずにいる宿泊施設が多く見られた。

　また、金沢市においては、ひがし茶屋街など従来からの観光地においても商業施設が観光関連施設に置き換わる現象が生じている（第 4 章）。

4．COVID-19 による観光需要の変化

　2020 年に COVID-19 が発現した後は、外出の規制や国際移動の制限により、訪日外国人旅行者数は激減した。2021 年の訪日外国人旅行者数は 25 万人と 2019 年比で 99.2％減となり、2022 年 6 月から訪日外国人旅行者の受け入れを再開したが、383 万人と最も多かった 2019 年の 12％程度であった（図 1）。

　海外からの観光客数が大幅に減少し、日本国内においても緊急事態宣言のもと、人々の行動が制限された。緊急事態宣言下においては、観光行動もタブー視され、飛行機や新幹線による人々の移動も減少した。このような中、マイクロツーリズムが提唱され、人々は自宅から 1 ～ 2 時間で訪問出来る場所での観光を楽しんだ。

　このように国内の宿泊施設の稼働率が大幅に減少する中、政府は全国旅行支援策として「Go To トラベル事業」として，宿泊料金の割引や地域クーポンなどの補助金による国内旅行の支援を行うキャンペーンを実施した。最大で 1 泊

1万4,000円の宿泊補助と6,000円の地域クーポンにより、2万円の補助が適用された。地域クーポンで土産物の購入や地元の飲食店で食事ができるなど、旅行行動を支援する施策である。途中、緊急事態宣言を受けて中断することもあったが、補助金額を縮小しながらも2023年4月まで実施された。このような支援策があったが、感染者数が大幅に増加するとキャンペーンも中断し、継続的な支援を実施するのは難しい状態となり、パンデミック禍における観光業の危うさが露呈した。その一方で、オーバーツーリズムにより交通混雑や騒音に悩まされていた地域は、日常を取り戻した。

オーバーツーリズムに関しては、観光客の混雑などで有名なバルセロナにおいても、COVID-19によって観光客が訪れなくなった間は、広場で子どもたちが遊び、住民たちが通りで立ち話ができるようになるなど、地域住民が自分たちの生活空間を束の間取り戻した（Cocola-Gant 2023）

このように一時の静寂を取り戻した日本の観光地も、COVID-19の猛威が収まり始めた2023年のゴールデンウイークは、多くの観光客で賑わった。2023年4月の訪日外国人旅行者数は194万9,100人で、COVID-19による影響がなかった2019年の観光客数292万6,685人の66.6%[8]まで回復した。2024年4月の訪日外国人旅行者数は304万2,900人となり、2019年同月比では4.0%増となった[9]。2023年の年間では2506万人と、COVID-19が発現する直前の2019年の78.6%まで回復している[10]。国内旅行全体もCOVID-19が発現する2019年並みに回復し、国内線の旅客数は全日本空輸（ANA）がコロナ禍前の2018年の9割の水準となり、日本航空（JAL）はCOVID-19以前を上回った。JR旅客6社の新幹線・在来線特急などの利用者数も2018年の94%の水準まで戻った。人々の近場での移動が中心だった2022年から2023年は遠方への旅行も活発になった[11]。

このようにCOVID-19の終息が見込まれた2023年3月31日には、「観光立国推進基本計画」が閣議決定された。同計画において2023年から2025年の目標が設定され、インバウンドの回復として、訪日外国人旅行者数を2025年までに2019年の水準超えにすること（2019年実績3188万人）、訪日外国人旅行消費額を早期に5兆円にすること（2019年実績4.8兆円）、訪日外国人旅行

消費額単価を 2023 年までに 20 万円にすること（2018 年実績 15.9 万円）など
の目標が示された [12]。また、2030 年には訪日外国人旅行者数を 6000 万人とし、
訪日外国人旅行消費額を 15 兆円にする目標も定めている。そして、2023 年 5
月 8 日から、COVID-19 感染症の位置づけが「新型インフルエンザ等感染症（い
わゆる 2 類相当）」から、「5 類感染症」となったことで国内旅行が活発になり、
訪日外国人旅行者数も増加した。

　このように日本政府は変わらずに数値目標を定めたが、COVID-19 が発現す
る前に全国各地で散見されたオーバーツーリズムへの対応については言及され
ていない。

5. ツーリズムジェントリフィケーションと地域の変容

　インバウンド施策により観光客数が増加し、その後、COVID-19 が発現して
からの観光客数の減少などについて概観してきたが、本書では、観光需要の拡
大に伴う地域の変容について、ツーリズムジェントリフィケーションの観点で
検証した。

　1990 年代において、ジェントリフィケーションは住宅の修復や開発だけで
はなく、観光産業などを含む経済開発の過程においても生じる（Smith 2007）
と示されていたが、ツーリズムジェントリフィケーションは観光を起因とした
ジェントリフィケーションである。Gotham（2005）は地域住民が利用してい
た食料品店や小売店などの日常的な店が減少し、娯楽や観光に関わる施設や高
級店が増加して富裕層の来住が増え、その結果、賃料が上昇し、低所得者層の
立ち退きを生じさせる現象をツーリズムジェントリフィケーションとして示し
た。この場合の富裕層は観光客も含まれ、観光客と中間階級や富裕層は都市を
楽しむという観点では同一である（Cocola-Gant 2015）とされている。

　ツーリズムジェントリフィケーションにおける立ち退きには、住宅の立ち退
き（residential displacement）、商業の立ち退き（commercial displacement）、居場
所の立ち退き（place-based displacement）がある（Cocola-Gant 2018）。住宅の
立ち退きは、家賃や賃料の上昇により利用者が住居からの退去を余儀なくされ

8

る現象である。京都市では、東山区六原元学区において町家ゲストハウスの需要が高まり、町家に居住していた住民の立ち退きが生じた（川井・阿部 2018）。

商業の立ち退きは、住民向けの商業施設が観光客向けの宿泊施設や商業施設へと置き換わる現象である。ブダペストでは、地区最大の廃墟バーの賃貸契約が更新されず、跡地にホテルが建設された（藤塚 2020a）。兵庫県の城崎温泉においても、旅館や近隣の商業施設が土産物店やカフェに置き換わり（池田 2022a）、奈良市ならまちにおいても古くからの店舗や住宅が来訪者向けの店舗に置き換わっていた（奥野 2020）。

居場所の立ち退きは、地域住民がかつて自分たちの日常の場所だと認識していた場所が、もはや関係ないように感じるという「場所の喪失感」を生じさせる現象である（Davidson 2008）。住宅地に立ち入る観光客の視線や住宅地に出来たカフェなど、日常の生活における阻害や観光客の騒音による退去（藤塚 2020b）など、地域住民にとって居心地の悪い状態になるのが、居場所の立ち退きである。また、かつて地域住民が利用していたバーやレストランの価格が観光客の需要と共に上昇し、地域住民の利用が難しくなるという排除もある（藤塚 2020a）。

ツーリズムジェントリフィケーションが生じると、国際的なホテルチェーンやツアー会社ならびに不動産会社などが介入し、住宅や商業空間の再開発における大規模な機関投資家の投資など、世界中から資金が調達される（Gotham 2005）。先述のように、京都市では町家が不動産投資の対象となり、中国や韓国の不動産会社が投資目的で購入し、町家ゲストハウスとして事業を展開していた（池田 2020a）。

このように観光開発により衰退した地域が安全になり、観光客のアクセスが容易になるにつれて、多様な建造物や生活様式のあった地区が均質化されていく。そして、近隣には富裕層向けのコンドミニアムが多く建設され、富裕層が来住してくる（Gotham 2005）。このように、ツーリズムによりジェントリフィケーションされた場所は、富裕層が好むような見せかけの場所が創造される（Cocola-Gant 2018）。

日本でも、地域が観光にあわせた町へと変容し、地域が観光客の期待する土

産物店と飲食店を中心とした『書き割り』のような町を生み出しかねない（片桐 2000）と指摘されていたが、実際に金沢市（池田 2020b）や城崎温泉（池田 2022a）において、土産物店の集積や地域の文脈とは異なるカフェの集積について報告されている。

こうした日本国内のツーリズムジェントリフィケーションに関して、京都市（第 2・3 章）、金沢市（第 4 章）、城崎温泉（第 5 章）でその詳細に言及した。

ツーリズムジェントリフィケーションが発現する背景としては、地域の歴史や地域資源、行政の関与によって異なるが、そこには共通の課題があり、その課題を解決していくことが、持続可能な観光につながると思われる。これについては、終章でまとめて言及した。

6. アルベルゴ・ディフーゾと観光まちづくり

ツーリズムジェントリフィケーションにおいては、歴史的建造物や遊休不動産が外部資本によって宿泊施設などに再利用され、住民の立ち退きや不動産価格の高騰を引き起こしていた。このように外的要因によって地域が変容していくこともあれば、地域住民が主体となり、遊休不動産などを再利用することで地域が再生していくこともある。その方策の一つにアルベルゴ・ディフーゾ（albergo diffuso）がある。アルベルゴ・ディフーゾとは、1976 年に北イタリアで発災した震災をきっかけに、宿泊業組合の会長だったジャンカルロ・ダッラーラ（Giancarlo Dall'Ara）氏が 1982 年に考案した民泊システムである（渡辺ほか 2015）。一般的なホテルが 1 カ所の施設でサービスを提供するのに対し、アルベルゴ・ディフーゾは集落の中心部にレセプションを設け、そこから一定の範囲内の空き家や空き店舗などを宿泊施設として再利用し、集落内のレストランや小売店を利用しながら滞在する「水平型ホテル」である（山崎 2015）。1988 年にアルベルゴ・ディフーゾ協会が発足し、2018 年 4 月時点では 102 の地域がアルベルゴ・ディフーゾとして登録されている（山田・藤井 2019）。

アルベルゴ・ディフーゾの特徴としては、レセプションを中心にレストラン、バー、共用スペースがネットワークで形成され、各施設は 200 m 以内の距

離に配置されている。観光客は、ホテルチェーンのサービスとは異なる地域資源にもとづいた食や文化やコミュニティによるサービスを受け、地域の活動にも参加することができる。このようなサービスを提供するために、地域の歴史的、文化的、環境的資源や食材、伝統的な料理、工芸品などが発掘され、地域の団体活動が促進される。観光客を呼び込むだけではなく、住民が日常生活を新たな視点から見て、その価値を認識し、地域の価値向上に努めるようになる（Dall'Ara 2019）。すなわち、旅行者には生活そのものを価値あるものとして提供し、そのために地域内に商業施設や宿泊施設、レストランや工房などが増え、地域で新たな商いが生まれる。このプロジェクトの最終目標は、地域に人を呼び戻すことであり、アルベルゴ・ディフーゾとして登録されている地域では、地域の経済を支える人々が増えている[13]。

　イタリアでは、文化協会を設立後に地域の農産物の保護や継承に力を入れ、フィレンツェやピサの大学の農学部と連携して、古代小麦の種を再現させた小麦粉から作ったピッツァの提供や農業の保護運動など、土地の文化を継承する動きに発展しているケースもある（中橋 2017）。その一方で、廃墟の不動産に投資して成功したオーナーがアルベルゴ・ディフーゾの啓発には関心を示さなくなり、当初の目的とは異なる形態に変わっていく事例もある。また、高価格帯の宿泊費を設定したことで富裕層が訪れ、これら富裕層に合わせた高級レストランやワインバーがオープンして、宿泊客と住民の間に溝が生じるなど（中橋 2020）、ツーリズムジェントリフィケーションを誘発する側面もみられる。

　さらには、地域の住民がアルベルゴ・ディフーゾという用語を知らず、宿とレストランや商店、そして住民を結ぶ組織がないために、地域一体となった取り組みにはならない事例もある（山田・藤井 2018）。これらはアルベルゴ・ディフーゾの理念と運営に乖離が生じていることを示唆しているが、イタリアの中南部では廃村になる可能性のある自治体が 3,000 近くある中（中橋 2017）、アルベルゴ・ディフーゾは地域再生の一助となりつつある。

　また、日本にはアルベルゴ・ディフーゾの概念に近い「まちやど」がある。2017 年に一般社団法人日本まちやど協会が設立し、全国で 22 宿が加盟している（2021 年 9 月時点）。まちやどの目的として、①まちを一つの宿と見立て宿

泊施設と地域の日常をネットワークする、②まちぐるみで宿泊客をもてなすことで地域の価値を向上していく、③街の中にすでにある資源や街の事業者をつなぎ合わせ、そこにある日常を最大のコンテンツとする、④利用者には世界に二つとない地域固有の宿泊体験を提供し、街の住人や事業者には新たな活躍の場や事業機会を提供する、といった概念がある[14]。

　本書では、アルベルゴ・ディフーゾの事例として、日本で唯一アルベルゴ・ディフーゾに認定された岡山県小田郡矢掛町の事例を紹介する（第6章）。また、アルベルゴ・ディフーゾを目指したが、COVID-19により計画が頓挫した後にプロジェクトの活動により、今後の発展が見込める事例として長野県小諸市について紹介する（第9章）。

7. リノベーションまちづくりによる中心市街地の再生と観光地化

　インナーシティだけではなく、中心市街地も都市の郊外化や人口減少に伴い、衰退が加速している。特に地方都市においてはそれが顕著である。モータリゼーションの発達により人々の暮らしは郊外へと拡大し、それに伴うように大型店が郊外に立地するようになった結果、中心市街地では空き家や空き店舗が増加した。

　このような空き家や空き店舗は暫くの間、負の遺産として放置されていたが、これらを再利用する動きが始まった。特に2000年代に入り、古い町並みの魅力や空き家の活用を地域内外に発信し、空き家の再生を促進することでまちを活性化しようとするNPO団体などの活動が活発になった（柴田2006）。このような空き家や空き店舗などの遊休不動産を再利用した取り組みは、リノベーションまちづくりと称され、遊休化した不動産という空間資源と潜在的な地域資源を活用して、都市や地域の課題を複合的に解決していくようになった（清水2014）。

　本書では、新潟市沼垂テラス商店街（第7章）と新潟市上古町商店街（第8章）を事例に、リノベーションまちづくりの成功要因ならびに地域に及ぼす影響について言及した。また、この2つの商店街が、新潟市においては「訪れ

るべき訪問地」として観光地化されたことによる地域に及ぼす影響についても記した。

本稿の初出典は下記の通りである。

第1章　池田千恵子（2024a）「インナーシティ問題とツーリズムジェントリフィケーション－京都市を事例として－」、『季刊経済研究』（大阪公立大学経済研究会）、42（1-3）：56-77.

第2章　池田千恵子（2020a）「町家のゲストハウスへの再利用と地域に及ぼす影響－京都市東山区六原を事例に－」、『地理学評論』93A：297-312.

第3章　池田千恵子（2021）「観光需要の拡大による地域の変容－京都市下京区菊浜を事例として－」、『日本都市学会年報』54：167-175.

第4章　池田千恵子（2020b）「観光需要の拡大に伴う地域の変容－石川県金沢市ひがし茶屋街を中心に－」、『日本都市学会年報』53：213-220.

第5章　池田千恵子（2022a）「兵庫県城崎温泉における観光需要の高まりによる地域の変容」、『都市地理学』17：10-21.

第6章　池田千恵子（2022b）「歴史的建造物の再利用による地域の再生－アルベルゴ・ディフーゾに認定された岡山県矢掛町を事例として－」、『日本都市学会年報』55：149-158.

第7章　池田千恵子（2016）「新潟市沼垂地区における空き店舗再利用による再活性化」、『日本都市学会年報』49：157-162.
　　　　池田千恵子（2019a）「リノベーションによるインナーシティ問題の解消－新潟市沼垂地区を事例として－」、『関東都市学会年報』20：38-47.

第8章　池田千恵子（2019b）「リノベーションによる中心市街地の再生－新潟市上古町地区を事例として－」、『日本都市学会年報』52：187-195.

第9章　池田千恵子（2024b）「リノベーションとアルベルゴ・デフィーゾによる地域再生－長野県小諸市を事例として－」、『日本都市学会年報』57：187-196.

注

1) 観光庁（2019）『観光白書（令和元年版）』「第Ⅰ部　観光の動向」による。

2) 観光庁（2020）『観光白書（令和2年版）』「第Ⅰ部　観光の動向」による。

3) UNWTO が2018年9月に発行したリーフレット‘Overtourism’? –Understanding and Managing Urban Tourism Growth beyond Perceptions において、このことばは2016年に米国の旅行業界向けメディア「スキフト（Skift）」によって初めて生み出されたとされている。そして、後にスキフト（Skift）社が「オーバーツーリズム」を商標化している。

4) 観光庁・国土交通政策研究所では、より具体的に地域の実態を把握するため、主要観光地を抱える計214の地方自治体を対象に、持続可能な観光に関しては初となるWEB等一斉アンケート調査を実施した。アンケート実施期間は2018年10月31日〜11月30日の1カ月間で、うち46カ所については、国土交通政策研究所が2018年度に別途実施したアンケート調査による回答である。

5) 京都市産業観光局観光MICE推進室（2017）「京都市宿泊施設拡充・誘致方針」による。

6) 京都市観光協会（2023）「京都市観光協会データ月報（2022年12月および年次速報）」による。

7) 金沢市経済局観光政策課（2022）「金沢市観光調査結果報告書　令和4（2022）年」による。

8) 日本政府観光局（2023）「訪日外客統計　訪日外客数（2023年4月推計値）」による。

9) 日本政府観光局（2024）「訪日外客統計　訪日外客数（2024年4月推計値）」による。

10) 日本政府観光局（2024）「訪日外客数（2023年12月および年間推計値）」による。

11) 日本経済新聞（2023）「GWの国内旅行、コロナ前並みに回復　近場より遠方に」2023年5月9日配信による。
https://www.nikkei.com/article/DGXZQOUC080HA0Y3A500C2000000/（2023年6月12日最終閲覧）

12) 観光庁（2023）「「観光立国推進基本計画」を閣議決定－持続可能な形での観光立国の復活に向けて－」2023年3月31日配信による。
https://www.mlit.go.jp/kankocho/news02_000507.html（2023年6月13日最終閲覧）

13) TRAVEL　JOURNAL　ONLINE「アルベルゴ・ディフーゾ協会ダッラーラ会長が語る「分散型ホテルの可能性」」2019年12月2日配信による。
https://www.tjnet.co.jp/2019/12/02/%e3%82%a2%e3%83%ab%e3%83%99%e3%83%82%b4%e3%83%bb%e3%83%87%e3%82%a3%e3%83%95%e3%83%bc%e3%82%be%e5%8d%94%e4%bc%9a%e3%81%ae%e3%83%80%e3%83%83%e3%83%a9%e3%83%bc%e3%83%a9%e4%bc%9a%e9%95%b7%e3%81%8c/（2021年8月9日最終閲覧）

14) 一般社団法人日本まちやど協会「まちやどとは？」による。
http://machiyado.jp/about-machiyado/（2022年1月12日最終閲覧）

第 1 部

インナーシティ問題と地域の再生

第1部　インナーシティ問題と地域の再生

| 第1章 |

インナーシティ問題とジェントリフィケーション

1. はじめに

　1977 年にイギリスの環境省により「インナーシティ政策」が打ち出されて
から、日本においてもインナーシティ問題に関して検討が行われてきた。成田
(1979) では、1970 年代においては、日本のインナーシティ問題はまだ英米ほ
どに深刻でないと示されていたが、その後、東京や大阪など大都市圏を中心に
インナーシティ問題について言及されるようになった（高橋・園部 1988、八
木・橋本 2009、金 2018 など）。京都市におけるインナーシティ問題に関しては、
生田（1998）により東山区における顕著な人口減少などが指摘されているが、
インナーシティ問題に関する多面的かつ統計区単位での検討はなされていない。
　京都市では、町家がゲストハウスとして再利用されるなど、観光需要の高ま
りにより地域にさまざまな影響を及ぼしている。これらが生じている地理的背
景をインナーシティ問題の観点で検討した。本章においては、リーマンショッ
ク後の 2010 年を中心に、京都市におけるインナーシティ問題を各種データか
ら元学区単位で検証した。
　また、インナーシティや衰退した地域が再生するプロセスにおいて、ジェン
トリフィケーションの発現が報告されているのを踏まえ、京都市におけるツー
リズムジェントリフィケーションについても言及する。

16

2. インナーシティ問題

　インナーシティ問題（inner city problems）が都市問題として注目されるようになったのは、1970 年代に入ってからである。1975 年にニューヨーク市が財政危機に見舞われ、1977 年にはイギリスの環境省が「インナーシティ政策」への表明を余儀なくされて、世界の注目を引いた（高橋・園部 1988）。

　インナーシティ問題が生じた背景として、①脱工業化社会により社会全体が低成長に移行したことによるゼロサム的状況の表出、②都市圏外の成長に対する郊外を含む都市圏全体の成長の停止、③都心部の活力の弱体化による郊外化段階から始まったインナーエリアの質、量の衰退の加速（成田 2005）がある。先進資本主義国では、1970 年代に入り産業構造が大きく変化し、インナーシティ問題が発現した。

　英国環境省(1978)が発表した「インナーシティ政策」と成田(1987a)に基づき、本書においては、インナーシティ問題を、以下の 4 つの事象とする。

①経済的衰退（economic decline）

　伝統的産業（ドッグや鉄道など旧来のサービス産業）や工業における雇用の減少、新しい製造業への投資が不足し、旧来の労働者を吸収できない新種のサービス産業や事務職の雇用増による失業率の増加であり、この失業率は景気に左右されない。

②物的衰微（physical decay）

　基本的なアメニティを欠く多数の低質住宅が手入れされないままに残っている状態で、クリアランスされたままの広大な公有の空き地や、板囲いされた店舗や放置された土地・建物が含まれる。

③社会的不利益の集積（social disadvantage）

　失業率の高さと賃金水準の低さによる貧困者や住居不定者、アルコール・薬物依存症などの滞留、コミュニティ意識の減退や犯罪・暴力の発生により、地域全体に衰退感が生じる。

④少数民族（ethnic minorities）の集中

少数民族のインナーシティにおける集中であるが、地域によって異なる。

これら4つの事象は、インナーシティにおいて、すべて発現するわけではなく、地域の環境によって異なっている。

このように、インナーシティ問題は、経済的衰退（economic decline）、物的衰微（physical decay）、社会的不利益の集積（social disadvantage）、少数民族（ethnic minorities）の集中という特徴がある。

産業革命以来、都市化は工業化によってもたらされ、都市は工業の基盤の上に成立した。しかし、工業生産からハイテク化、サービス化、情報化への産業構造の変化により、大都市圏の産業の主力となったのは、法人関連サービス部門で、その中心は金融資本であり、その他の法人関連サービス部門も集積していった。そこに従事する高学歴の専門・技術、管理職就業者の雇用が増える一方で、工場などに勤務していた低所得者層は、勤務先の減少によりスーパー、レストラン、ホテルなどのサービス業に従事するようになり、人口減少とともに貧富の格差が生じた（宮本 1999）。

日本におけるインナーシティ問題に関して、成田（1979）は日本の大都市でもインナーシティ問題が次第に顕在化しはじめ、とくに首都機能を欠く経済的大中心でありかつ都市化の熟度が高い大阪では、そのテンポが急速であることを示した。ただし、1970年代において日本の状況がまだ英米ほどに深刻でない理由として、①集積の利益を生かして高度成長を維持するために大都市優先政策がとられ、積極的な資本投下と活動の集中が続いたこと、②人的側面からそれを支える向都離村の人口移動エネルギーが持続したこと、③政治、経済、文化の諸分野にわたるきわめて集権的な機構が確立し、大都市がその拠点となってきたこと、④鉄道輸送の発達と自動車の普及の遅れによって大都市のアクセシビリティの卓越性が持続したこと、⑤都市圏全体の高密度性により大都市内部の過密がとくに強く意識されなかったこと、⑥人種的にはもちろん社会・経済的にも住民の均等性が強く、セグリゲーションが少なかったことなどを、その要因として挙げている。

インナーシティ問題が生じている地域をどのように特定するのか。それは、インナーシティ問題の地域的特性が比較的まとまってみられ、地域的ひろがり

をもっている地域である。具体的には、人口減少、住環境の悪化、経済基盤の沈下、社会的不利益の集積（高齢化、失業、低所得化）などである[1]。

3．ジェントリフィケーション

1980 年代には、大都市の成長や衰退などが先進工業国の共通の政策課題となり、都市の再生（urban generation）、都市の再活性化（urban revitalization）、近隣更新（neighborhood renewal）、修復（rehabilitation）など、それを示す用語が登場している（高橋・園部 1988）。これらは、衰退した地域の課題を解決する方策として示されているが、このような衰退地域への再投資により、ジェントリフィケーションが生じる。

ジェントリフィケーションとは、ロンドンのインナーシティにおいて労働者階級が居住する地域に中間階級が居住するようになり、住宅価格の高騰により立ち退きが生じ、近隣が再生する現象（Glass 1964）である。当初は住宅のアップグレードと居住者の上方変動として示されていたが、それは都市中心部の景観の段階的な改造であり、再開発も含む（Smith 1996 ＝ 2014）と考えられるようになった。1980 年代のジェントリフィケーション研究では、伝統的住宅の再利用によるもので再開発を含まないものが多かったが、1990 年代以降、ジェントリフィケーションは大きく変化し、再開発も含まれるようになった（藤塚 2017）。

また、工場跡地や放棄された土地や建物が取り壊されたところに建設される新築のジェントリフィケーションもある（藤塚 2017）。新築のジェントリフィケーションとは、都市への資本の再投資により、高所得者層が流入し、地域が社会的にアップグレードされ、景観が高所得者層向けに変化し、低所得者層が直接的または間接的に立ち退きにあう現象である（Davidson and Lees 2005）。

ジェントリフィケーションが脚光を浴びる一方で、成田（2005）は、ジェントリフィケーションの問題として、次の 3 点を指摘している。一つめは、立ち退き（displacement）である。中間階級の侵入によって、インナーシティ近隣の住宅需要が増大し、家賃や不動産価格が上昇するとまず低所得の借家居住者

第1部　インナーシティ問題と地域の再生

が立ち退きをせまられる。やがて、不動産税の高騰によって、持家居住者の中で特に年金生活の高齢者の一部も住宅を手放すことになる。インナーシティの近隣を追われた弱者は、近くの近隣やさらにはインナーサバーブの近隣に流入し、悪化地区を外方に拡大させる。

　二つめは、ホームレスの問題である。中間階級の納税者を郊外から都心に呼び戻すことで、スラムを取り壊し、上質なアパート、歴史的建造物の修復、瀟洒な店、高級なレストランなど、富裕層が好む開発が行われている。そのため、低所得者向けの住宅の供給が阻害され、ホームレスを生み出す。

　三つめは、伝統的なコミュニティや落ち着いた環境の破壊である。ここでは、新規居住者が生じさせる既存の住民との微妙な緊張関係はあまり問題にされず、新しいブティックやレストランの進出が、近隣に活気をもたらす代わりに日常の静寂を破ることを問題としている。

4.　衰退地域の再生とジェントリフィケーション

　衰退地域における歴史的建造物の活用による地域の再生とジェントリフィケーションについて概観する。リノベーションによる地域再生は、1970 年代初めに、アメリカ合衆国やヨーロッパで製造業として栄えていた地域が衰退し、使用されなくなったロフトの居住用への転換（conversion）による不動産市場の活性化から始まった。使用されずに放置されていた工場や倉庫を活用したこの新しい居住スタイルは、ロンドンのドッグランドやニューヨークの工場地帯に出現し、やがて、ボストン、フィラデルフィア、ガルベストン、ポートランドなど、荒廃していた地域に拡がった（Zukin 1982）。ポートランドでは UGB（Urban Growth Boundary：都市成長境界線）の厳格な運営により、郊外での住宅は開発されず、住宅開発は衰退地区を中心に行われている（James *et al.* 2011）。その結果、住宅価格が高騰し、アフリカ系住民や低所得者層の立ち退きが生じた（O'Sullivan 2004）。

　ニューヨークのマンハッタンのロフト近くのソーホーでは、1960 年代にアーティストがロフトに居住して芸術活動をはじめ、ロフトを中心にアーティスト

が好むようなカフェやレストランが集積し始めた。ニューヨークタイムズ紙などが、このロフトを活用した生活をクールなライフスタイルとして取り上げるにつれ、中間階級の興味を引き、ロフトの活用が不動産投資の対象となり市場が活性化した（Zukin 1982）。こうした不動産市場の活性化に伴い CBD（Central Business District：中心業務地区）に住宅供給に関する資本の再投資が行われ、CBD が復興した。ロフトの市場の活況に伴い、商業施設にも変化が生じている。ソーホーでは、1980 年代の工場地が 1990 年代にはアートギャラリーが集積する地域になったが、2005 年にはチェーン店の小売業が集積する地域へと変容し（Zukin 2008）、アーティストの立ち退きが生じた。

　このようなアーティストの立ち退きはソーホーに留まらず、ポートランド市においても生じている。1916 年に建設され、アーティストやフォトグラファーなど 500 人近いアーティストが活動していた拠点のタウン・ストレージビルは、近隣の相場よりもはるかに安く、生活に余裕のないアーティストの重要な活動拠点であった（Hammill 2015）が、富裕層向けの共同住宅を建設するために開発業者に売却され（London 2017）、アーティストは活動場所を失った。また、ミュージシャンの活動の場であったポートランド市内の 9 つのライブハウスは閉鎖され，中間所得者層の共同住宅になった（Ellison 2015）。

　こうしたアーティストの立ち退きに関しては、ロフトの市場の活況に対し、市場原理主義に陥らないような法的手段も講じられている。1970 年代初め、ソーホーの中心にあるグリーンストリートは、歴史的地区としての法的指定を受け、開発業者がロフトの鋳鉄ファサードを取り除くことができなくなった。また、約 1 km²のエリア全体が、アーティストの住居やワークスペースとして法的に認可され、ゾーニングされた（Zukin 2008）。そして、新中間層が居住するようになり、賃料が高騰したため、ニューヨーク市はロフト法（Loft Law）、いわゆるニューヨーク混合住宅法を 1982 年に制定した。これは、1980 年から 1981 年の時期に、少なくとも 3 世帯が入居していることが認められる商業用途あるいは生産用途の建造物について、家主は住民に立ち退きの強制や法外な家賃の値上げを禁止したものである（三宅 2009）。しかし、このロフト法が適用した段階では、すでにアーティストの大半はソーホーから移動してお

第1部　インナーシティ問題と地域の再生

り、法的効果はなかった。

　新中間層の来住は、場所本来の持つオーラを消し去り、主にその建物や場所の市場価値が確立され、アーティストや住民、小さなビジネスオーナーなど、本来その場所に定着できたはずの人々を排除する（Zukin 2009）。すなわち、歴史的建造物の再利用によって地域が再生した結果、ジェントリフィケーションが生じ、社会経済的弱者の排除が行われる。

　このように衰退した地域が再生することにより、賃料や不動産価格の高騰を引き起こし、富裕層向けのコンドミニアム建設のために歴史的建造物が取り壊されるなど、ジェントリフィケーションが発現する。

5．日本におけるインナーシティ問題

（1）インナーシティ問題の発現

　1970年代に欧米諸国で注目されていたインナーシティ問題は、日本では、1980年代に入り東京、大阪をはじめとした大都市で同様の現象が生起した（成田 1983、高橋・園部 1988）。1980年代においては、少数民族集団の滞留が欧米に比べてほとんど問題にならないこと、人口減少がそれ程に著しくないこと、産業の衰退や失業者もそれ程ないことから、欧米の実態と異なる（高山 1982）とされていた。

　日本におけるインナーシティ問題は、第1に、「大都市中心部周辺における、人口・企業の流出にともなう地域社会の荒廃・衰退によってもたらされ、経済・社会・空間構造上のマイナス現象の集積地域における問題」と定義される[2]。第2に、インナーシティ問題の地域は、「都心と大都市圏郊外部の中間に所在する、19世紀から第一次大戦前にかけて形成された、主として工場からなる地域（インナーエリア）において urban deprivation と通称される、物的・社会的・経済的問題が集中した地域」である（高橋・園部 1988）。

　例えば、神戸市では、産業構造の転換や都市機能の更新の遅れと老朽狭小住宅による居住状態、ケミカルシューズ産業などの地場産業の衰退により、これらの産業を支えていた兵庫区や長田区で、1980年代からインナーシティ問題

22

が指摘されてきた（八木・橋本 2009）。地場産業の衰退は、それまでそこに住んでいた住民の人口減少をまねく一方で、地域によってはホワイトカラー層を中心とした新しい流入住民を増大させることができない構造があった。それは、新しい住民を流入させる余地がないほどの住宅の密集過密状況と、取り残された木造不良住宅（棟割長屋）に象徴される住環境水準の低さである（今野 2001）。

　また、須磨や西神におけるニュータウンの開発により、中堅ファミリー層が郊外に流出した結果、神戸市のインナーシティエリア（灘区、中央区、兵庫区、垂水区）は、中高年齢層・低所得者層を中心とした住民の構成になり、高齢化を助長した（清水 1996）。そして、インナーシティにおける住宅のストックが低水準であり、転出によって空き家になった住宅に入ってくる人々も、中高年齢層や低所得層であり、インナーシティエリアの衰退が進行した（清水 1996）。

　京都市では、1960 年から始まった京町家の減少とともに、1960 年から 1980 年代に都心部の人口は急激に減少した。犯罪増加や貧困の蔓延のような社会的不利益をともなうインナーシティ問題は発現していないが、人口の空洞化、高齢化、老朽木造家屋（町家）の蓄積など、インナーシティ問題につながる要件が備わりつつあった（近藤 2013）。京都市西陣地区においては、当地区の中心産業である西陣織産業は、呉服の需要のかげりと出機による地区外生産の増加により、特に 1980 年から 1985 年に工場数ならびに従業者数の数が大幅に減少した。その一方で、織屋の跡地を中心に共同住宅の建設により、そこに居住する専門技術職が増加し（藤塚 1992）、ジェントリフィケーションの兆候が見られた。このように京都市においても、インナーシティ問題が発現していた。

　少数民族（ethnic minorities）については、被差別部落や簡易宿所街、同郷文化を色濃く有する移住者・移民の集住地区などでの居住分化（セグリゲーション）が、特に大阪市や神戸市などで強くみられた（水内 2011）。1945 年に日本の植民地統治時代が終わり、その後も日本の領土内に残った朝鮮半島や台湾出身の人々は、1952 年のサンフランシスコ条約発効時に日本国籍を失い外国人となった。日本に定住した旧植民地出身とその子孫は、1980 年代に日本が新たな移民の波を迎えると、オールドカマーと呼ばれるようになった（吉田

第1部　インナーシティ問題と地域の再生

2016)。また、海外からの新たな居住者については、1980年代半ば以降、東京の池袋や新宿におけるアジア系外国人が増加した（水上2009）。彼らは、ニューカマーとよばれ、1980年代以降の好景気における労働力を埋める存在になった。これらの移民は、オールドカマーとともに差異化された少数民族集団として、「エスニックマイノリティ」とよばれることもある（吉田2016）。

　人口減少と共に高齢化していた池袋では、第二次世界大戦後、地方からの単身者に向けた安価な住宅が供給され、単純労働者や学生が居住していたが、第一次石油危機以降は、地方からの単身者の流入が減少した。1980年代になって老朽化が進み、空き部屋が目立つようになった木造のアパートなどにアジア諸国の外国人が居住するようになった。このような低価格で居住できる木造アパートが、サービス業を中心とした就労の場に密集して隣接していたことにより、外国人住民が多く居住するようになった（水上2009）。そして、池袋では中国人が経営するビジネスが集積し、「池袋チャイナタウン」と名付けられた（吉田2016）。

　池袋では、インナーシティの再開発による区画整理により、1980年代末には木造アパートなどの大半が撤去されたが、外国人人口は2009年時点においても増加していた（水上2009）。人口減少と共に高齢化している同地区において、1985年のプラザ合意以降の円高やバブル景気によって、1988年に近隣のアジア諸国、特に中国籍の外国人が増加したが、ニューカマーズの約4分の3が、1994年時点で地区外に転出した。転出後の空洞部分を中国、台湾、韓国からの外国人に加え、東南アジア諸国、さらには中近東、欧米を含む諸国からのニュー・ニューカマーズが埋めていた（奥田・田嶋編1995）。このように、日本でも、欧米諸国と同様に、エスニックマイノリティが出現している。

　日本におけるインナーシティ問題は、居住のセーフティネットの観点では、戦前の長屋住宅や初期の低質な木造共同住宅の老朽化ならびに空き家の問題がある。住宅市場で取引が成立しない民間市場の再開発のインセンティブの低いエリアでは、公的セクターによる主に工場跡地などを活用した大規模住宅地の開発が進められた。大規模なクリアランス型の改善ができないところでは、老朽住宅の建て替えの促進とあわせて、道路、公園などの公共施設の整備を一体

24

第1章　インナーシティ問題とジェントリフィケーション

的に行う整備事業も開始された（水内 2011）。

（2）共同住宅によるインナーシティへの人口回帰

　インナーシティ問題の解消のひとつとして、共同住宅の開発による都市への
人口回帰がある。中高層集合住宅は都市内部に立地するという好立地条件のも
とに低層部分に商店や事務所を内包し、多くの機能を収容する建造物であり、
中高層集合住宅の開発は都市内部において居住地を創出し、各種機能を提供す
る場となる（由井 1986）。由井（1986）は、このように共同住宅の開発を、郊
外へ流出していた人口を都市内部に留めるとともに、停滞あるいは衰退傾向に
ある都心部やその周辺地域の再活性化を可能にさせるとして、共同住宅の開発
による人口回帰について肯定的であるが、藤塚（2017）は、共同住宅の建設な
どによる地区への人口回帰は、近隣の活性化という点では評価できるが、中心
市の人口増加に寄与する郊外からの人口回帰としては期待することができない
としている。

　民間資本による中高層集合住宅の開発は、建築物の更新とともにジェント
リフィケーション（gentrification）を誘発するが、公的機関によるスラムクリ
アランスは、前住者を優先して再開発地に居住させるため、民間資本による
ものよりは、顕著にジェントリフィケーションは発現しない（Ford and Smith
1981）とされていたが、ジェントリフィケーションの発現が指摘されるように
なった（Davidson 2008）。一方で、ジェントリフィケーションは、インナーシ
ティの再活性化というプラスの側面だけでなく、マイナスの側面も非常に大
きい（藤塚 1992）。マイナスの側面には、立ち退き、量的な限界があり（成田
1987b）、再活性化の進む近隣と放棄された状態の近隣との分極化（polarization）
もある（Marcuse 1986）。そのなかで最も問題になるのが、立ち退きである。

　ソーシャルミックスの観点では、共同住宅の供給において、年齢構成や経済
的状況の画一的な地域社会が形成されるのを回避するためにも、ライフステー
ジや経済的状況などにおいて多様な世帯が入居し、多様な種類の住宅の混合さ
れた共同住宅の供給が必要（由井 1991）とされている。その一方で、多様な
住宅の確保については、その実現の難しさも指摘されている。東京 23 区の荒

25

第1部　インナーシティ問題と地域の再生

川区や墨田区などの住工混在地域における脱工業化に伴う工場跡地などへの中高層集合住宅の開発は、人口減少の問題解決にはなるが、経済性をもたらす多様な機能が失われた（和田 2013）。

　京都市においても、都市への人口の増加をもたらしたのは、町家が減少していく中、その跡地に中高層集合住宅が建設された結果であり（近藤 2013）、また、人口の増加についても、京都市西陣地区の事例においては、1983 年を境に転入者が著増しているが、その大半は京都市内での住み替えによるものである（藤塚 1992）と示され、真の人口回帰とはいえない状況である。

6. 京都市におけるインナーシティ問題

（1）京都市のインナーシティ問題の検証

　京都市は世界的な観光都市であると同時に、国内有数の工業都市でもある。近代的工業の企業群が京都で生まれ、その土台には西陣織や京友禅、清水焼など、日本文化を代表する数々の伝統産業の存在がある。とりわけ、これらの産業の多くは「洛中」と呼ばれた京都市の中心部に立地し、職住一体型の独特な地域社会を作り上げてきた。様々な伝統産業が地場産業として確立され、住民の生活様式や地域文化のあり方、さらには町並みまでを総合的に規定してきたところに、京都のインナーエリアの最大の特徴がある（金 2018）。

　京都市におけるインナーシティ問題を検討するにあたり、次の指標を用いた。経済的衰退としては失業率、工業従事者の増減、商業従事者の増減を元学区単位で検討した。また、特定の業種で詳細を確認するために、西陣地区においては西陣織産業を対象とし、東山地区においては窯業と土石製品を対象として、事業者数と従業者数の変化について検討した。社会的不利益の集積に関しては、元学区単位の人口増減率の推移と老年化指数を検討した。

　そして、これら人口増減率と老年化指数が元学区単位で異なる背景として、行政区別の幅員幅、そして町家の平均敷地面積などを確認した。物的衰微としては、元学区単位の空き家率と行政区単位ではあるが、1988 年から 2018 年の 5 年単位の空き家率の推移を用いて検討した。

26

第 1 章　インナーシティ問題とジェントリフィケーション

図 1　京都市における元学区別失業率（左：2010 年、右：2020 年）
国勢調査により作成．

(2) 経済的衰退

　経済的衰退として、まずは失業率について検討した。図1左は2010年の失業率で2010年の国勢調査においては、南区全域と下京区の崇仁において失業率が高い。崇仁は、米騒動の頃になると貧困化が著しくなり、不良住宅地区として位置づけられた地域である。1927年に不良住宅地区改良法制定後に都市行政によって改良対象として認識され、対策がなされてきた地域でもある（山本 2012）。また、生産工程等（生産工程・輸送・機械運転・運搬清掃職）の就業者は、西陣織の生産地である上京区の西陣地区や南区の重工業地区に多い（藤塚 2016a）とされているが、2010年の国勢調査では南区の失業率の高さが顕著であった。

　経済的衰退に関しては、工業（製造業）従事者数の変化をもとに検討した。図2左は、京都市における元学区別の工業（製造業）従事者の2000年から2008年の変化である。京都市の工業の基幹産業は繊維産業であるが、西陣織産地の西陣地区である桃薗、小川、聚楽、正親、嘉楽、乾隆、西陣の中で、桃

27

第 1 部　インナーシティ問題と地域の再生

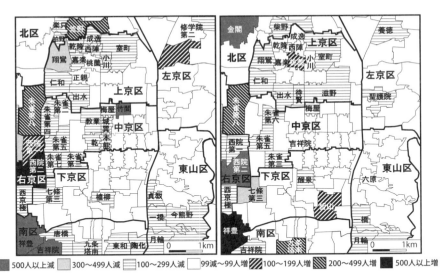

図 2　京都市における元学区別工業（製造業）従事者の増減
（左：2000-2008 年、右：2008-2016 年）
工業統計調査により作成.

薗と正親以外で工業従事者が 100 人以上減少した。当地区の地域内産業である繊維産業は、1976 年から 1990 年までのあいだで工場数は 1,231 から 703 に減少し、従業者数は 6,483 人から 3,213 人へとほぼ半減した（藤塚 1992）。2000 年から 2008 年までの西陣織産業の変化（表 1）においては、2008 年の事業所数は 242、従業者数は 1,152 人となり、2000 年の事業所数 374 からは 35.2％減少、従業者数 1,462 人からは 21.2％減少した。1990 年から 2010 年の従業者数で比較すると 64.1％の減少である。京都市内の製造業全体でみても、西陣地区を含む繊維産業は、事業所数が 2000 年の 2,747 から 2008 年は 1,853 と 48.2％減少し、従業者数は、2000 年の 9,868 人から 2008 年は 7,797 人と 26.6％減少した。

　また、工業従事者が減少している東山区の基幹産業の窯業について検討した（表 2）。東山区の修道、六原、今熊野、月輪は、清水焼をはじめとした窯業の産地であったが、その窯業も衰退している。江戸末期から明治期を経て、五条坂には大小合わせて 16 基ののぼり窯があり、東山山麓にはおよそ 50 基ののぼり窯があったが、五条坂最後ののぼり窯の火が消えたのは 1980 年である（田

28

第 1 章　インナーシティ問題とジェントリフィケーション

表 1　西陣地区における西陣織産業の事業所数と従業者数の変化 (2000 ～ 2008 年)

元学区	事業所数		従業者数	
	2000 年	2008 年	2000 年	2008 年
桃薗	27	18	117	107
小川	51	34	254	197
中立	20	18	69	115
聚楽	25	23	86	155
正親	49	34	151	147
嘉楽	34	17	144	53
乾隆	102	58	369	237
西陣	66	40	272	141
合計	374	242	1,462	1,152

工業統計調査により作成.

表 2　東山地区における窯業と土石製品の事業者数と従業者数の変化 (2000 ～ 2008 年)

元学区	事業所数		従業者数	
	2000 年	2008 年	2000 年	2008 年
修道	34	22	126	68
六原	16	15	77	73
今熊野	35	27	200	117
月輪	32	23	168	111
合計	117	87	571	369

工業統計調査により作成.

村 1988)。そして、2000 年から 2008 年の間に事業所数は 117 から 87 に減少し、従業者数は 571 から 369 に減少した。

　その後の変化として、京都市における元学区別の製造業従事者の 2008 年から 2016 年の変化を図 2 右で示した。先述の西陣織産地の西陣地区で、2000 年から 2008 年に従業者数が減少していた小川、聚楽、嘉楽、乾隆は、従業員の減少に大きな変化はなかった。その一方で、京都発祥の大手企業が集積している準工業、工業地域の祥豊では 567 名の従業員の増加が見られたが、京都市中心部においては製造業従事者の減少が続いていた。

　京都市内の商業については、1997 年から 2007 年の商業（卸売業・小売業）従事者の変化について図 3 左に示した。柳池、生祥、立誠、弥栄では従事者数が増加しているが、龍池、明倫、成徳、初音、日彰、豊園、修徳・尚徳・開智・永松では、それぞれ 500 人以上の従事者の減少があった。このように、繊維・衣服等卸売業、特に京都を特徴づける和装関連商品を卸す問屋が集積している地域での減少が顕著であった。繊維・衣服等の卸売業・小売業は、日本人の和装離れにより縮小し、1996 年から 2001 年にかけて京都市内で従業員数が 7,102 人減少した（古賀 2007）と報告されている。

　また、500 人以上従事者が増加している皆山は京都駅に隣接し、比較的大規模な事業所が集積している地域で、このように交通の利便性の高い地域で従

29

第1部　インナーシティ問題と地域の再生

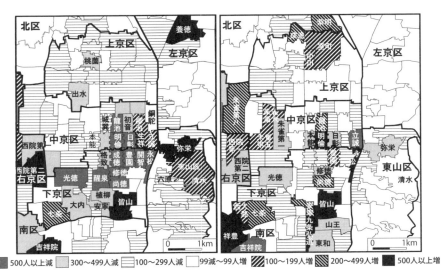

図3　京都市における元学区別商業（卸売業・小売業）従事者の増減
（左：1997-2007年、右：2007-20014年）
商業統計調査により作成．

事者が増加していた。その後の商業（卸売業・小売業）従事者の変化として、2007年から2014年の変化を示したのが図3右である。

　四条通、河原町通、御池通、烏丸通に囲まれた商業集積地の龍池、明倫、永松、豊園などで商業（卸売業・小売業）従事者が増加する一方で、それ以外の元学区では減少状態にあるものの500人以上の従事者の減少は見られず、減少は下げ止まっていた。図1右は2020年の京都市中心部の失業率である。失業率が12.0％以上の元学区はなくなり、失業率が高い元学区でも6.0～8.9％と2010年と比較して失業率は大幅に改善された。2023年においては、サービス業を中心に人手不足が懸念されている中、失業率はさらに改善されていく傾向にあるといえる。

(3)　社会的不利益の集積
① 2000年から2010年の変化
　社会的不利益の集積については、人口の変化と老年化指数を指標とした。図

30

第 1 章　インナーシティ問題とジェントリフィケーション

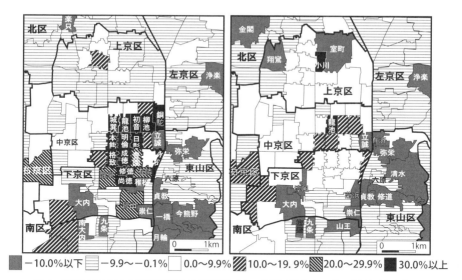

図 4　京都市における元学区別人口増減率（左：2000-2010 年、右：2010-2020 年）
国勢調査により作成.

4 左は、2000 年から 2010 年の間の京都市の人口の増減率を元学区単位で示したものである。中心市街地では、立誠が 10.0％以上減少していたが、中京区の銅駝、龍池、初音、柳池、日彰、明倫、本能、下京区の永松、豊園、成徳、格致、有隣、修徳、醒泉、尚徳においては、人口が 30.0％以上増加した。

これは、共同住宅の建設によるものである。1983 年時点で社屋型のテナントの 66.1％は繊維・衣服卸売業が占めていた（益森 1984）。しかし、1990 年代には景気後退によりオフィスビルの需要は小さくなり、企業が売却した土地に共同住宅が建設された。1990 年代前半に不動産取引が低迷し、地価が急落したので、多くの土地は空閑地として放置された。

経済の活性化のために都市再生が重要となり、共同住宅の建設は規制緩和などにより促進され、1990 年代にインナーシティへの新規来住者が増加した（藤塚 2017）。京都市における 1977 年から 1997 年の間の共同住宅の供給戸数は、中心区以外が上京区、中京区、下京区の中心区をはるかに上回っていたが、1998 年以降は、中心市街地への再集中の受け皿となった。中心市街地では、

第 1 部　インナーシティ問題と地域の再生

不況期に廃業あるいは移転した繊維関連オフィスをはじめとする業務系用地な
どが、地主や不動産会社による共同住宅の開発の好適地となった（古賀 2007）。
オフィスビルの売却は 2000 年代も続き、1995 年時点で中心市街地に広い敷地
面積を有していた企業が 2000 年以降に所有地を放出した（堀内 2009）。

　共同住宅の価格も、地価高騰期（1990 年）には 7000 万円台であったが、新
規共同住宅の安定的供給がみられるようになった 1994 年以降は、おおむね
3000 万円台で推移してきた。また、京都市平均と比較して高値であった中心
区の共同住宅の価格は、供給量の増加した 1998 年以降、市平均価格を下回る
年度もあり、中心区と郊外区の価格の平均化が進んだ（堀内 2009）。この結果、
中心市街地において人口が著しく増加した。

　一方で、東山区の月輪、今熊野など主要産業の窯業の従業者数が減少してい
る地域では、人口が著しく減少した。中心市街地においては、繊維・衣服卸売
業の衰退後、オフィスビルの需要が共同住宅の需要に代わり人口の増加をもた
らしたが、東山区においては、共同住宅の開発が他の行政区よりも行われてい
ない。

　東山区において、共同住宅が開発されていない要因について検討した。東
山区は、建築基準法により建替えのできない幅員幅 4m 未満の道路が、全体
の 47.8％を占め[3]、京都市内では建替えの難しい地域である。町家の敷地面積
（図 5）も 100 ㎡以下となっているため、共同住宅の開発に適さない地域である。
路地にのみ面する敷地においては、接道義務規定、建ぺい率制限、道路斜線制
限および全面道路幅員による容積率制限により、従前よりも建築面積や延べ面
積が減少することなどから、建て替えが進まずに建築物の老朽化が進展する（川
崎 2009）。このように、町家の建替えが進まず、共同住宅の開発も少なかった
ため、中心市街地のように人口は増加しなかった。

　そこで、老年化指数について確認した。図 6 は 2010 年における京都市の老
年化指数であるが、図 4 で示した 2000 年から 2010 年までの京都市の人口増減
率と照合すると、概して人口増加率が 30％を超えている地域は老年化指数が
100 ～ 299 と低く、一方で人口が減少している地域は、老年化指数が 400 以上
と高い。人口が増加している地域には、子どものいる家族世帯が流入し、人口

32

第 1 章 インナーシティ問題とジェントリフィケーション

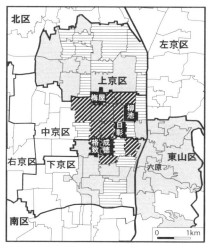

図 5 京都市における元学区別町家の平均敷地面積（1998 年）
京都市・財団法人京都市景観まちづくりセンター・立命館大学（2011）『平成 20・21 年度「京町家まちづくり調査」記録集』により作成．

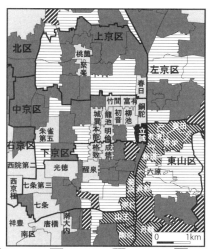

図 6 京都市における元学区別老年化指数（2010 年）
国勢調査により作成．

33

第 1 部　インナーシティ問題と地域の再生

が減少している地域では、子どものいる家族世帯の流入は少なく、高齢者が地域に留まっている状況といえる。

② 2010 年から 2020 年の変化

　2010 年から 2020 年の人口の変化を元学区単位で確認したのが図 4 右である。2000 年から 2010 年にかけて、人口増加率が 30.0％以上だったのは 13 元学区で、20.0％以上が 4 元学区であったのに対し（図 4 左）、2010 年から 2020 年にかけては人口増加率 30.0％以上が 2 元学区、20.0％以上が 0 になった。その一方で、東山区と下京区と南区の京都駅に隣接した 11 元学区においては、10.0％以上の人口減少が確認された。

　大幅に人口が増加している地域が少なくなり、人口が減少している地域が増えている理由としては、住宅の供給が起因している。2021 年の上半期においては、新築の共同住宅の販売量は増加しているが、京都市中心部では 1 Ｋ の投資用の共同住宅が増加している。また、2020 年度に供給された共同住宅の購入者は首都圏などの会社経営者が目立ち、セカンドハウスの需要が 3 割を占めていた [4]。

　COVID-19 が発現するまでは、訪日外国人旅行者の急激な増加による需要を見込んだ宿泊施設の開業が続き、首都圏のデベロッパーや中国など海外からの投資も盛んになり、不動産価格が上昇した。その後、COVID-19 の影響により宿泊施設用の不動産の購入は減少した。不動産経済研究所の調べでは、2022 年度上半期の京都市内における新築の共同住宅の供給戸数は前年同期比 53.5％増となり、共同住宅の供給が回復傾向となった。中心部では 8000 万円〜 1 億円を超える高級物件の供給が続き、セカンドハウスとしての購入が半数を占める物件もある（森 2022）。このように 2021 年以降は住宅の供給量が回復傾向にあるが、販売価格が上昇し、セカンドハウスの需要が高まるなど、一般住宅としての購入は難しい状況である。

（4）物的衰微

　物的衰微に関しては、空き家率で検討した。2008 年の京都市全域の空き家

第 1 章　インナーシティ問題とジェントリフィケーション

表 3　京都市における行政区別空き家率の推移

（単位：%）

行政区	1988 年	1993 年	1998 年	2003 年	2008 年	2013 年	2018 年
京都市	11.4	10.9	13.6	13.3	14.1	14.0	12.9
北　区	11.6	10.3	16.3	13.1	16.8	15.3	14.1
上京区	11.2	9.6	14.4	15.8	14.0	12.7	10.7
左京区	13.0	12.5	13.3	12.3	15.5	13.9	11.8
中京区	12.3	12.1	15.1	12.4	14.6	11.8	10.1
東山区	16.2	13.2	16.1	18.7	20.3	22.9	19.6
山科区	13.0	12.0	12.0	13.2	15.9	14.5	14.0
下京区	13.1	15.1	17.2	16.8	16.0	15.1	14.8
南　区	10.1	11.2	15.2	16.4	14.3	16.8	14.8
右京区	10.0	8.5	12.9	14.0	13.0	11.5	11.3
西京区	6.2	7.5	9.9	9.2	9.6	10.2	9.8
伏見区	11.1	10.9	12.3	11.5	11.9	15.2	14.7

京都市（2019）『平成 30 年 住宅・土地統計調査「住宅及び世帯に関する基本集計」の概要』により作成.

率は 14.1％で、行政区単位で多いのは、東山区の 20.3％であった（表 3）。東山区で空き家が多いのは、かつての基幹産業の衰退に起因している。東山区では伝統産業の陶磁器やその関連製品製造業が主であり、2006 年時点で同産業の事業所 229 の内、東山区で 66.3％と京都市内で事業所数が最も多かった[5]。1991 年から 2006 年までの陶磁器・同関連製造業は、事業所数および従業者数共に減少し、陶磁器の製造業者に従事していた職人は、事業主から貸与されていた町家に居住していたが、雇用の減少により空き家が増加した。

　そして、細街路沿いは細街路沿い以外に比べて空き家率が高くなる（森重ほか 2015）が、東山区は細街路が多い地域で幅員 4m 未満の道路に接する空き家の割合が 47.8％[6]と京都市内で最も高かった。このように、従業員用の宿舎であった町家は細街路沿いに連なって建てられた長屋が多く、老朽化した空き家は、建築基準法に満たない道幅により建て替えることができず、空き家が増加した。2009 年の京都市元学区単位の空き家率（図 7）を確認すると陶磁器・同関連製造業の地域の六原（13.7％）、修道（14.1％）、今熊野（14.7％）、月輪（16.2％）の空き家率が高かった。

　また、空き家率の推移をみると（表 3）、上京区、中京区、下京区などの人

第 1 部　インナーシティ問題と地域の再生

図 7　京都市における元学区別町家の空き家率（2009 年）
京都市・財団法人京都市景観まちづくりセンター・立命館大学（2011）
『平成 20・21 年度「京町家まちづくり調査」記録集』により作成.

口が増加している地域の空き家率は下がったが、東山区の空き家率は 2013 年まで上昇していた。

7. インナーシティの再生とツーリズムジェントリフィケーション

（1）観光客数の増加と宿泊施設の不足

　訪日外国人旅行者の増加に伴い、京都市内では宿泊施設が急増した。京都市の外国人宿泊客数は 2015 年度は 316 万人で、2014 年度から 133 万人増加し、2013 年度からは 203 万人の増加となり[7]、宿泊施設が不足する状態になった。京都市内の宿泊施設は、需要に対して供給が追いつかないため、京都市は、2016 年 12 月に「京都市宿泊施設拡充・誘致方針」を作成した。そこでは、2020 年に外国人宿泊客 440 万人を受け入れるために、京都市内で約 4 万室分の宿泊施設を必要とし、2020 年までに 1 万室の客室を整備する方針が示され

第 1 章　インナーシティ問題とジェントリフィケーション

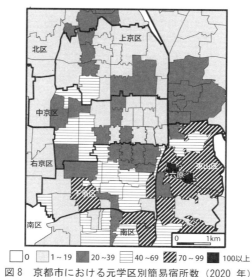

図 8　京都市における元学区別簡易宿所数（2020 年）
京都市（2024）「京都市旅館業施設一覧（2024 年 1 月 30 日付）」により作成.

ていた。

　京都市は「京都市宿泊施設拡充・誘致方針」以外にも、玄関帳場（フロント）の設置義務を免除し、京都市空き家活用・流通支援等補助金として、町家のゲストハウスへの改修費用などに 60 万円の補助金を設定するなど、宿泊施設の拡充に向けた施策を打ち出した。その結果、京都市内では宿泊施設が急激に増加し、特に町家を再利用した町家ゲストハウスが増加した。

（2）簡易宿所の再利用によるインナーシティ問題の解消

　図 8 は、2020 年の京都市内の簡易宿所の営業許可数を元学区単位で集計した結果である。東山区や京都駅に隣接した南区で簡易宿所が 70 軒以上集積していた。京都駅周辺は交通の利便性も高く、東山区には八坂神社や清水寺、鴨川、知恩院など有数の観光地があるが、簡易宿所が多く集積しているのはそれだけが理由ではない。前節 (3) の京都市におけるインナーシティ問題で示したように、人口が減少し（図 4）、老年化指数が高く（図 6）、空き家が多い元学区（図 7）で簡易宿所が多かった。

37

第1部　インナーシティ問題と地域の再生

　2018 年の「住宅・土地統計調査」によると 2013 年時点の東山区の空き家率
は 22.9％であったが、2018 年には 19.6％に減少した。3.0％以上も空き家率が
改善しているのは東山区のみであり、他の行政区の空き家の改善率が 0.2％か
ら 2.0％だったことからも、空き家が簡易宿所に再利用されている様子が窺え
る（表 3）。このように訪日外国人旅行者の需要の高まりによる空き家の簡易
宿所への再利用は、インナーシティ問題の物的衰微の解消となっていた。

　2016 年 12 月 31 日時点で、京都市内で最も簡易宿所の多い地域であった東
山区六原元学区は、2009 年時点で、京都市内で町家の数が 786 軒と 3 番目に
多く、その内空き家は京都市内で 2 番目に多い 108 軒であった（池田 2020a）。
2020 年には、六原元学区内で簡易宿所が 116 軒あり、その多くが町家ゲスト
ハウスであった。

　六原では、袋路沿いで長屋建ての町家が多かったため、建て替えも進まずに
空き家となった町家が多く残っていたが、これらが簡易宿所へと再利用されて
いた。

（3）ツーリズムジェントリフィケーションの発現

　第 1 節において、インナーシティ問題が解消するとジェントリフィケーショ
ンが発現することに言及したが、京都市においても町家などの簡易宿所への再
利用による物的衰微により、ツーリズムジェントリフィケーションが発現した。
ツーリズムジェントリフィケーションとは、地域住民が利用していた食料品店
や小売店などの日常的な店が減少し、娯楽や観光に関わる施設や高級店が増加
し、富裕層の来住が増える。その結果、賃料が上昇し、低所得者層の立ち退き
を生じさせる現象である（Gotham 2005）。

　六原の路線価は、町家ゲストハウスが増加し始めた 2013 年から 2018 年の
間に 23.6％〜 66.6％上昇した（池田 2020a）。この路線価の上昇は、COVID-19
を経た 2023 年においても続き、2013 年から 2023 年の 10 年間の上昇率は、
88.5％〜 168.0％になった。そして、六原では、住民の立ち退きも報告されている。
複数の土地を持つ所有者が、自ら宿泊施設を営業するために、もしくは宿泊事
業者に土地を売却するために借家人に立ち退きを命じ、実際に住民が立ち退い

38

ている（川井・阿部 2018）。

　ツーリズムジェントリフィケーションにおける立ち退きには、住宅の立ち退き（residential displacement）、商業の立ち退き（commercial displacement）、居場所の立ち退き（place-based displacement）があり（Cocola-Gant 2018）、借家人が立ち退きになる場合を住宅の立ち退きという。住宅の立ち退き以外にも居場所の立ち退きがあり、これは人々がかつて自分たちの場所だと認識していた近隣が、もはや自分たちが関係しないような場所になる現象である（Davidson 2008）。六原のような細街路沿いに住む住人にとって、細街路はそこに居住する住民しか通らない場所であり、安全な空間であったのが、毎日、異なる宿泊者が行き来する空間として変化していた。そして、宿泊者によるタバコの吸い殻や騒音などに悩まされていた。このように六原においても、自分たちの場所として過ごせていた場所が変化する居場所の立ち退きが生じていた。

8.　おわりに

　京都市においては、基幹産業の衰退に伴い人口が減少し、それに伴い空き家などの物的衰微が確認された。東山区六原においては、窯業が衰退した後、窯業に従事していた人々の居住していた町家が空き家となり、密集市街地で住戸 1 戸あたりの敷地面積が狭小のため、多世代世帯の同居が困難となり、子育て世代が徐々に流出し、空き家などの物的衰微が顕著であった。細街路が多いこの地域では、町家の建て替えも進まずに老朽化した空き家が増加していたが、海外からの観光客の増加により、宿泊施設が不足し、空き家となった町家がゲストハウスとして再利用されていた。

　その結果、路線価の高騰や住民の立ち退きなどのツーリズムジェントリフィケーションが発現していた。六原においては、空き家は地域住民を悩ませる対象となっていたので、物的衰微が解消されたことはプラスの効果であるといえる。その一方で行き過ぎた町家の簡易宿所としての再利用が、地域住民の脅威にもなっていた。

　COVID-19 後の 2023 年時点で訪日外国人旅行者数もほぼ回復してきている中、

第1部　インナーシティ問題と地域の再生

観光需要が及ぼす地域への影響に関しては、その回避策も含めて検討が望まれる。

［付記］
　本稿は、2018 年に大阪市立大学大学院創造都市研究科に提出した博士論文の一部に加筆修正したものである。

注
1）神戸都市問題研究所（1981）『インナーシティ再生のための政策ビジョン』勁草書房による。
2）前掲 1）。
3）京都市（2013）『総合的な空き家対策の取組方針』による。
4）京都新聞社（2021）「新築マンションの販売、京都市内で増加　21 年上半期の供給戸数 3.3 倍、その理由」『京都新聞 ON BUSINESS』2021 年 8 月 10 日配信による。
　　https://www.kyoto-np. co.jp/articles/ print/615422?gsign=yes（2023 年 12 月 29 日最終閲覧）
5）京都市東山区役所区民部まちづくり推進課（2011）『東山・まち・みらい・計画 2020 －山紫水明の都　結び合う心　東山の未来－』による。
6）前掲 3）。
7）京都府商工労働観光部（2015）『平成 27 年（2015 年）京都府観光入込客調査報告書』による。

40

第2章

町家のゲストハウスへの再利用と
地域に及ぼす影響
－京都市東山区六原－

1. はじめに

　近年、町家や長屋など伝統的な木造住宅は再生されるべき資源として、その活用が進んでいる。とくに京都市内における町家を再利用して新しい事業が行われる町家再生店舗の数は 1,500 軒以上（2009 年時点）に及び、1990 年代には物販系が多かったが、2002 年以降では飲食系が 71％になった（宗田 2009）。町家の商業的な再利用については、2000 年の下京区を対象とした宮崎ほか（2000）の調査[1]においても、飲食店が 48％と飲食店への再利用が増加していた。このように町家の再利用が増えてきた背景には、町家に居住する人口の減少による空き家の町家の増加などの問題がある。京都市中京区と下京区の一部[2]の外観調査では、1996 年に 6,919 軒あった町家は 2004 年には 5,992 軒となり、2010 年には 5,415 軒と 14 年間で 1,504 軒の町家の減少が確認された[3]。京都市が行ったアンケート調査では、町家を保全する意向のある所有者の 74.2％が保全に関する問題点として、維持修繕費の負担を挙げていた[4]。特に、阪神・淡路大震災以降の耐震補強にかかる金銭的な負担が障害となっていた（宗田ほか 2000）。その他に町家が減少する要因として、居住者の高齢化、伝統的産業の衰退、そして修繕や増改築を手掛ける地域の大工や職人の高齢化に伴う人材不足などがある（橋本ほか 2002）。

　町家の再利用については、2015 年以降、店舗以外に宿泊施設としての活用

41

第 1 部　インナーシティ問題と地域の再生

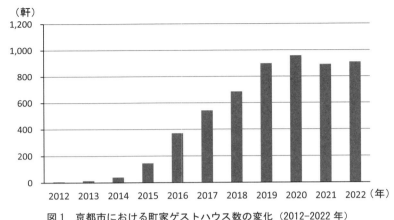

図 1　京都市における町家ゲストハウス数の変化（2012-2022 年）
京都市（2022）『許可施設数の推移（令和 5 年 1 月末日現在 速報値）』により作成.

が顕著となり、その数が急激に増加している。京都市では観光客の増加に伴い、宿泊施設の需要が急増した。2017 年 4 月の京都府内のビジネスホテルの客室稼働率は全国 3 位の 89.1％、シティホテルの客室稼働率は全国 2 位の 91.0％と宿泊の予約が困難な状況となった[5]。こうした背景から町家がゲストハウスとして再利用されており、図 1 のように、その数は 2012 年の 6 軒から 2016 年には 370 軒と増加した[6]。さらに京都市から「京都市宿泊施設拡充・誘致方針」が示された後の 2019 年には 899 軒に増加し、2020 年には 958 軒まで増加した[7]。

本稿では、このように京都市で急増し、新たな町家再利用の一形態となっている町家ゲストハウスに着目し、その実態や影響について明らかにする。なお、ゲストハウス[8]は、旅館業法において簡易宿所に含まれる。簡易宿所とは、宿泊する場所を多人数で共用する構造及び設備を設けて行う営業であり、旅館業法（昭和 23 年 7 月法律第 138 号）では、ベッドハウス、山小屋、スキー小屋、ユースホステルの他、カプセルホテルが該当すると定められ、ホテル・旅館営業、下宿営業と区分されている[9]。京都市における簡易宿所については、川井・阿部（2018）において、町家風の建築など一軒家のような建物を「戸建て住宅型」、ビルのような建物を「共同住宅型」と示しているが、本稿においては、「戸建て住宅型」のうち町家を改修した簡易宿所を町家ゲストハウスとする。

42

2. 町家のゲストハウスとしての再利用

　町家の店舗としての再利用は個人のサービス産業分野への起業をもたらし、その結果、個性的な店舗が連なることで、女性を集客し、都心部の再生をもたらす（宗田 2002）として、その有効性が示されている。また、町家が良いと考え住み始める若い女性や、町家を工房として利用するアーティストの増加（宗田 2009）など、その影響は地域の居住人口の増加にも寄与している。個人経営の町家再生店舗の 20 〜 30 歳代の店主は、町内会にも参加し、地域住民と日常的な交流も盛んである（小伊藤ほか 2008）。

　町家の店舗としての再利用は、景観保全にも有効とされてきた。西陣地区では、職住一体型として西陣織、友禅染の工場と密接に関わってきた町家が、飲食業や小売業などに再利用されることにより、町家の景観の保全にもつながっている（松本・瀬戸 2011）。同様に京都市都心部においても、飲食店を中心とした新規参入事業者による町家活用の取組みは、京都らしい歴史・文化の重要性をもった町並みを形成する動きとして評価されてきた（宗田ほか 2000）。このように、町家の店舗としての再利用は、社会的有効性が示されてきた。

　地理学では、町家の利用（戸所 2009）や町家の建替え（花岡ほか 2009）について研究されたが、宿泊施設への転用は新たな形態であり、未解明な点も多い。そして、近年の京都における観光客の急増を背景に宿泊施設としての転用が増大していることから、本章ではそうした側面から検討した。

　町家ゲストハウスについても、森（2014）が、京都の伝統的な住宅に滞在することにより、京都の生活や文化を体感する新たな観光スタイルであるとして、その有効性を示した。ただし、多くの町家ゲストハウスは、地域の住民が暮らす町家の中に立地し、地域住民の生活空間で営業活動が行われているため、問題も生じる。

　町家ゲストハウスは 1 部屋を複数でシェアするドミトリー形式や個室をいくつか設けている形態もあるが、京都市の町家ゲストハウスは、一棟貸しのものが多い。一棟貸しのゲストハウスは、宿泊者に鍵を渡し、宿泊者だけで過ごす

形式である。地域住民が居住する長屋建ての町家に隣接して町家ゲストハウスが開業することで、地域住民にさまざまな影響を及ぼしている。

こうした点を鑑みると、町家ゲストハウスは、観光客にとっては非日常を体験する空間であるが、その一方で、近隣には日常的に生活する住民が存在する。とするならば、観光客にとっての利点だけでなく、住民の視点からの検証が必要である。

住民の視点からの検証として、川井・阿部（2018）では、京都市東山区の六原において、町家の簡易宿所としての需要の増加に伴い、借家住まいの住民の立ち退きの実態、そしてアンケート調査による地域住民の防犯や治安に対する懸念などの問題点が指摘されている。このように、町家の再利用については、ゲストハウスを視野に入れるとその社会的有効性ばかりではなく、地域における負の影響を検討する必要がある。

本章では、町家の再利用の有効性のみならず、負の側面も視野に入れて、その影響について検討した。具体的には、町家ゲストハウスが急増した背景、町家ゲストハウスの特性（分布ならびに施設タイプ）、町家ゲストハウスが地域に及ぼす影響、地域住民たちの対応について考察した。

本章の対象地域は、2006 年時点に早くから簡易宿所が集積し[10]、2018 年 9 月 30 日時点で 57 軒の簡易宿所が営業を行い、町家ゲストハウスが多い六原元学区（以下、六原）である。すでに六原については、川井・阿部（2018）が東山区の簡易宿所の立地動向をとらえ、アンケート調査による住民の不安感情や居住地からの立ち退きの実態があることを明らかにしている。これに対し本稿では、元学区単位での実証データを用いた六原の町家ゲストハウスの特徴を明確に位置づけた上で、現地での地域住民からの聞取り調査を通して、住民のこの現象に対する対応や問題点をより具体的に明らかにし、地域社会への影響を考察した。

3. 京都市六原の概要

京都市中心部の主要な交通網と観光施設を図 2 に示した。京都市中心部にも

44

第 2 章　町家のゲストハウスへの再利用と地域に及ぼす影響

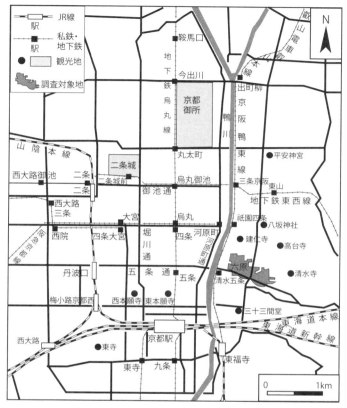

図 2　京都市中心部
筆者作成.

二条城や京都御所など多くの観光資源があるが、東山区に属する六原は、清水寺や八坂神社、高台寺、建仁寺、東福寺など代表的な寺社や京都の繁華街として発展した祇園などの観光資源が集中している。三条通りから建仁寺前までを南北にのびる花見小路通には茶屋や旅館、カフェなどが軒を連ね、多くの観光客で賑わう。六原の西に位置する鴨川には散策路があり、近隣に数多くの文化財や貴重な芸術品などが展示されている京都国立博物館も立地し、文化資源に恵まれている。また、JR、市営地下鉄、京阪電車、バスなどの交通の利便性が高い地域でもある。

45

第1部　インナーシティ問題と地域の再生

　六原は、平安時代には鳥辺野と呼ばれる葬送地への入口、また 798 年に創建
された清水寺への参拝路であった。平家一門により六波羅邸などが造立され、
鎌倉時代には平家一門の邸宅の後に六波羅探題が設置されるなど、政治上の要
地であった。当時の六波羅の平氏政庁跡をしのばせる遺構はほとんど残されて
なく、北御門と西御門、池泉、多門、門脇、三盛、弓矢などの町名に当時の六
波羅政庁の様相がしのばれる（西川 1994）。
　産業としては、近世初頭に音羽焼の陶器製造がはじまり、東山における焼物
の生産拠点として知られ、とくに建仁寺通から清水寺にかけての五条坂は、窯
や陶器店で賑わっていた[11]。 1872 年には、五条坂界隈に 21 基の清水焼の窯
が築かれ焼物窯として栄えていた[12]。幕末から明治初期には、五条坂では 38
軒の焼物屋が立ち並んでいたが[13]、1960 年代後半には、焼物窯の主力は山科
区の清水焼団地などに移転し[14]、窯業は衰退していった。
　こうした歴史的背景により、当地区には多くの陶芸職人が密集して居住して
いた。そのため、当地区は密集市街地で、1 戸あたりの敷地面積が狭いという
空間的特徴を有する。また細街路の多い地域で建替えも進まず、高齢化が進み、
空き家が増加した。

4.　京都市における町家ゲストハウスの急増の背景と地域差

（1）町家ゲストハウスの増加の背景

　町家ゲストハウスの急激な増加の要因を検討するにあたり、まずは京都市内
における簡易宿所の増加の背景について検証する。訪日外国人の増加に伴い、
京都市内では、宿泊施設が急増した。京都市の外国人宿泊客数は、2015 年度
は 316 万人であった。これは 2014 年度より 73％（133 万人）、2013 年度より
180％（203 万人）の増加である[15]。京都市内の宿泊施設は、需要に対して供
給が追いつかないため、京都市は、2016 年 12 月に「京都市宿泊施設拡充・誘
致方針」を決定した。その中では、2020 年に外国人宿泊客 440 万人を受け入れ
るために、京都市内で約 4 万室分の宿泊施設を必要とし、2020 年までに 1 万室
の客室を整備する方針を示した。そして、2016 年には、新たに客室が 4,000 室

46

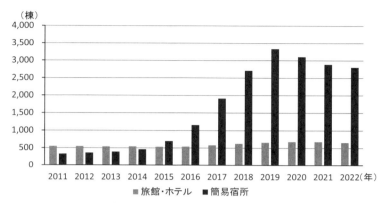

図3　京都市の宿泊施設数の変化（2011-2022年）
京都市（2023）「京都市旅館業施設一覧」により作成.

ほど確保された。その後、京都市内の客室は2018年に4万6,147室となり[16]、京都市観光MICE推進室の試算では、2020年には5万3,000室を超える見通しになった[17]。これは、2020年までに必要とされていた客室数を1万3,000室ほど超える見込みで、供給が過剰になっている。

　このような京都市の宿泊施設数の変化について、宿泊施設種別に検証した（図3）。2011年から2022年の間で、旅館・ホテル数は550軒から670軒に増加した。その一方で、簡易宿所数は2011年から2019年までの間に328軒から3,334軒とほぼ10倍になった。その後、COVID-19の発現による観光客数の大幅な減少に伴い、2022年の簡易宿所数は2,804軒まで減少したが、インバウンドの需要が戻ってきた2023年時点では、新たに簡易宿所の開業が続いている[18]。このように急増している簡易宿所の中でも、京都市の政策的関与によって増加してきたのが、町家ゲストハウスである。京都市の政策においては、次の二点がその増大に関係している。

　第一点は、宿泊施設の増加策である。京都市が2012年に「京都市旅館業法に基づく衛生に必要な措置及び構造設備の基準等に関する条例」を緩和したことにより、一棟貸しの町家ゲストハウスが増加した。京都市は、町家の保存と有効活用を図る観点から、宿泊者を少人数の一組に限り、対面による鍵の受け渡しを行うなどの適切な管理運営を担保したうえで、町家を活用した簡易宿所

第 1 部　インナーシティ問題と地域の再生

について、玄関帳場（フロント）の設置義務を免除した[19]。これにより、小規模の町家を再利用した町家ゲストハウスが増加した。

　第二点は、空き家対策の強化である。京都市は、「京都市宿泊施設拡充・誘致方針」において、宿泊施設の拡充策として、空き家の活用を提示した。京都市内には空き家が 11 万 4,000 軒あり、管理されていない空き家の倒壊、放火などの火災のリスクなどが深刻な問題であった。空き家のうち、4 万 4,000 軒が一戸建て・長屋建ての空き家であるため、空き家の活用の観点から、周辺地域との調和を前提に、宿泊施設としての活用を提示した。

　また、京都市は 2014 年 4 月に「京都市空き家の活用、適正管理等に関する条例」[20] を施行し、空き家の所有者等は、当該空き家を利用する見込みがないときには、賃貸、譲渡その他の当該の空き家を活用するために努力を行う、と規定した。そのための具体的な支援策として、京都市空き家活用・流通支援等補助金を設定した。この補助金の特定目的活用支援の 12 項目の一つに、町家のゲストハウスへの改修費用などに対する 60 万円の補助金がある[21]。

　さらには、京都市は空き家の活用に関する相談窓口として、不動産事業者による「空き家相談員」を 300 名近く認定した。空き家相談員は、自社の営利目的でアドバイスを行わないように指導されているが、相談員のアドバイスにより、町家がゲストハウスへ再利用される可能性もある。このように京都市の主導により、町家の保全、そして空き家対策という観点で、町家のゲストハウスへの再利用が推進された。

（2）京都市中心部における簡易宿所の分布

　町家ゲストハウスを含む簡易宿所がどのように増加してきたのかについて、元学区単位で検証した。「京都市旅館業施設一覧」の簡易宿所の住所情報をもとに、元学区単位で集計を行い、その結果をもとに図 4 〜 7 を作成した。元学区は、明治時代の番組制度から派生している京都の住民自治組織である。地域が学校を運営する「学区」については、1941（昭和 16）年の国民学校令存立の翌年 4 月で廃止となったが、京都市の国勢調査の統計区は、元学区に基づいて設定されており、元学区単位で簡易宿所数を比較することが可能である。

48

第 2 章　町家のゲストハウスへの再利用と地域に及ぼす影響

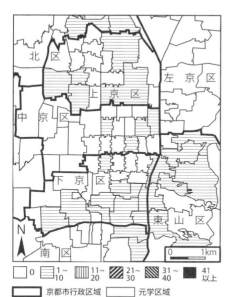

図4　京都市内簡易宿所数（2006年）
凡例は図5～7に共通．

図5　京都市内簡易宿所数（2011年）
簡易宿所数11～20の元学区名を表示．

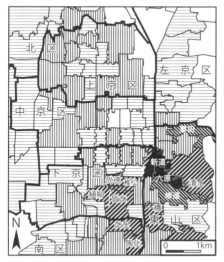

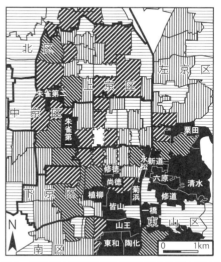

図6　京都市内簡易宿所数（2016年）
簡易宿所数21以上の元学区名を表示．

図7　京都市内簡易宿所数（2018年9月13日時点）
簡易宿所数41以上の元学区名を表示．

図4～7　京都市（2018）『旅館業法に基づく許可施設一覧』により作成．

49

第1部　インナーシティ問題と地域の再生

　2006年時点（図4）では、前述のように清水寺や祇園など観光資源が集中している東山区やJR京都駅周辺を中心に、簡易宿所が集積した。2011年時点（図5）では、簡易宿所のある地域が右京区や左京区にまで拡がる一方で、観光地に隣接している東山区では、新道、六原、清水などで、簡易宿所が11〜20軒と他の地域よりも増加した。2016年時点（図6）では、簡易宿所のある地域が京都市中心部全域に及び、東山区の六原、新道においては簡易宿所の数が41軒以上となった。

　また、六原や新道だけではなく京都駅に隣接した皆山や山王などにおいても、簡易宿所数が21軒以上となった。そして、2018年9月30日時点（図7）では、簡易宿所が41軒以上ある地域は18地域に拡大した。そして、2020年には六原元学区での簡易宿所数が116軒に及び、一般住宅の中での宿泊施設の増加が際立った。簡易宿所の多い地域は、東山区の観光地周辺やJR京都駅周辺、JR東海道本線や地下鉄東西線など交通のアクセスと主要観光地に隣接しているのが特徴である。

　次節では、2016年時点で最も簡易宿所が多かった六原を対象に、町家ゲストハウスが急増した背景、町家ゲストハウスの特性（分布ならびに施設タイプ）、町家ゲストハウスが地域に及ぼす影響、地域住民たちの対応について、検証結果を述べる。

5．六原における町家ゲストハウス増加の影響

（1）六原における町家ゲストハウスの特徴

　図8では、六原における簡易宿所の集積状況を検討した。2018年9月30日時点で、簡易宿所は57軒あり、その中で町家ゲストハウスは46軒（簡易宿所に占める割合は80.7％）、さらに町家ゲストハウスのうち、一棟貸しの町家ゲストハウスは40軒（町家ゲストハウスに占める割合は86.9％）であった。

　町家ゲストハウスが多く集積しているのは、大黒町が6軒で、山城町の5軒、三盛町の4軒と続く。これらの町内には、細街路に面した長屋建ての町家ゲストハウスがある。また、山城町と三盛町の町家ゲストハウスは、袋小路の入

50

第 2 章　町家のゲストハウスへの再利用と地域に及ぼす影響

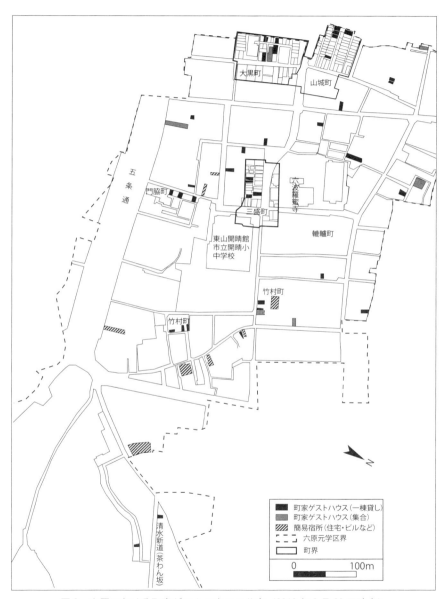

図 8　六原における町家ゲストハウスの分布（2018 年 9 月 30 日時点）
京都市（2018）『旅館業法に基づく許可施設一覧』、各施設ホームページにより作成．

51

第 1 部　インナーシティ問題と地域の再生

写真 1　東山区六原内の町家ゲストハウスの路地の入り口（三盛町）
（2019 年 3 月 9 日筆者撮影）

写真 2　東山区六原内の町家ゲストハウス（三盛町）
（2019 年 3 月 9 日筆者撮影）

表 1　町家（総数、立地、形式、空き家）の現状（元学区別）

（単位：軒）

区分	1 位	2 位	3 位
町家の総数	朱雀第一（中京区）　954	朱雀第三（中京区）　881	六原（東山区）　786
袋路沿いの町家	粟田（東山区）　249	六原（東山区）　233	修道（東山区）　226
長屋建ての町家	朱雀第一（中京区）　344	六原（東山区）　333	粟田（東山区）　330
空き家	粟田（東山区）　109	六原（東山区）　108	一橋（東山区）　105

京都市・財団法人京都市景観まちづくりセンター・立命館大学（2011）『平成 20・21 年度「京町家まちづくり調査」記録集』により作成.

口（写真 1）の奥に幅員 4m 未満の長屋建ての町家が再利用され、全て一棟貸しの町家ゲストハウスである（写真 2）。

　六原に町家ゲストハウスが集積した背景としては、簡易宿所に再利用できる町家が多くあったことがあげられる。表 1 では、京都市などが実施した「平成 20・21 年度　京町家まちづくり調査」をもとに、町家の実態について確認した。簡易宿所が多い下京区、東山区、中京区内の 53 の元学区の中で、六原の町家の軒数は 3 番目に多い 786 軒で、そのうち長屋建ての町家は 333 軒、町家のうち袋路に面したものは 233 軒と 53 の元学区内で 2 番目に多く、六原の町家の 29.6％が袋路に面していた。袋路とは、細街路（幅員が 4m 未満の狭い道）の中で、行き止まりの路である。六原は道の総延長 1 万 322m のうち、細街路の延長 6,474m と元学区内の道の 63％が細街路で構成されている[22]。特に袋路の

52

第 2 章　町家のゲストハウスへの再利用と地域に及ぼす影響

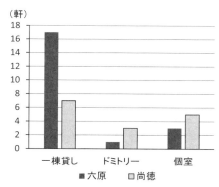

表 2　町家の空き家率と立地や形式

元学区	六原	尚徳
町家	786 軒	264 軒
空き家率	14％	9％
袋路沿い率	30％	17％
長屋率	42％	25％

京都市京都市・財団法人京都市景観まちづくりセンター・立命館大学（2011）『平成 20・21 年度「京町家まちづくり調査」記録集』により作成.

図 9　六原と尚徳における町家ゲストハウスの宿泊施設タイプ（2017 年 1 月 31 日時点）
　各施設のホームページにより作成.

みに面する敷地においては、接道義務規定、建ぺい率制限、道路斜線制限及び全面道路幅員による容積率制限により、従前よりも建築面積や延べ面積が減少することなどから、建て替えが進まない（川崎 2009）。六原は細街路が多いために、多くの町家が残存しているが、そのうちの 108 軒が空き家であった。空き家数は、53 の元学区の中で 2 番目に多く、1 番多い東山区粟田の 109 軒とは 1 軒の差である。こういった空き家の多くがゲストハウスとして再利用されたと推察される。

　六原では、一棟貸しの町家ゲストハウスが多いのも特徴である。ここでは、下京区で簡易宿所の多かった尚徳を比較対象として取り上げる。図 9 が、2017 年 1 月 31 日時点における両地区の町家ゲストハウスの施設タイプである。六原の町家ゲストハウスの 80.9％が一棟貸しであるのに対し、尚徳の一棟貸しの町家ゲストハウスは 46.6％で、ドミトリータイプや個室単位で複数の客を宿泊させる形式が半数以上であった。

　こうした違いの背景として、六原の町家の形式や立地の特徴がある。六原と尚徳の町家の立地と形式、空き家の状況について表 2 にまとめた。先述のように六原は長屋建ての町家が 333 軒（長屋率 42％）あるが、尚徳は 66 軒（長屋率 25％）である。六原では、図 9 の集積状況で示したように、袋路沿いにある長屋建ての小規模な町家が町家ゲストハウスへと再利用されたため、一棟貸

53

しのタイプが多いと推察される。

　日本におけるゲストハウスの多くは、ドミトリータイプや個室タイプの宿泊施設で、ゲストハウスを運営するオーナーや従業員が居住し、宿泊施設内で旅行者や地域住民が共に食事を行い、交流が行われる場でもあった。一方、六原におけるゲストハウスは、一棟貸しという別荘貸しに近い形式の宿泊施設が多く、旅行者や地域住民の交流が行われにくい状況であった。

（2）町家ゲストハウスが地域に及ぼす影響

　本節では、以上のような特徴をもつ六原の町家ゲストハウスが地域に及ぼす影響についてとらえた。地域に及ぼす影響は、主に三点ある。

　一つめは、住民生活への影響である。地域住民は宿泊客による騒音などに悩まされていた。一棟貸しの町家ゲストハウス内では、宿泊客の大声による騒音などが生じている[23]。一棟貸しの町家ゲストハウスは、別の場所で宿泊者が業者から鍵を受け取り、宿泊者だけで過ごす宿泊スタイルである。宿泊者が騒いでも注意を行う運営会社のスタッフが常駐していないため、宿泊客による騒音などの問題が生じやすい。騒音に関しては、宿泊者のモラルに任せるしかなく、騒音が生じても、運営会社はすぐに対応できない状態である[24]。住民とのこうした問題は、運営会社が常駐しているゲストハウスではほとんどなく、運営会社が常駐していない一棟貸しのゲストハウスに生じていた[25]。

写真3　東山区六原内の町家ゲストハウスの路地の入り口（山城町）
（2019年3月9日筆者撮影）

　また、住民たちは深夜のキャリーバッグを引く音に悩まされていた。京都市を訪れる訪日外国人の59.6％は、アジアからの旅行者であり、2015年度は188.3万人が京都市を訪れた[26]。アジアからの旅行者の多くは、LCCを利用しており、2016年12月31日時点で、関西国際空港離発着のアジアの航空会社は16社であった。LCCの離発着は、早朝や深夜が多いため、地域

第 2 章　町家のゲストハウスへの再利用と地域に及ぼす影響

住民が就寝している時間帯に、宿泊客が町家ゲストハウス周辺を移動することが多く、キャリーバッグを引く音が地域住民を悩ませている。また、22 時を過ぎた就寝時間帯に町家ゲストハウスの場所がわからない宿泊客が、独居世帯の高齢者宅の呼び鈴を鳴らし、道を尋ねるなど、住民の静かな暮らしを脅かしている[27]。

　このような町家ゲストハウスによる地域への影響について、六原の山城町の住民に聞取り調査を実施した[28]。山城町では、長屋建ての町家ゲストハウスが 3 軒連なっている（写真 3）。その向かいの住民は、ゲストハウス内が禁煙で煙草が吸えないため、宿泊者が玄関口で喫煙した吸い殻を自分の家の前に捨てることに困惑していた。また、ゲストハウスの同じ並びの家屋の住民は、分別されていないゴミがゴミ置き場へ放置されていること、深夜にキャリーバッグを引く音により睡眠が妨害されることに悩んでいた。

　地域に及ぼす二つめの影響は、不動産価格の高騰である。六原の路線価を確認すると、町家ゲストハウスが増加し始めた 2013 年から 2018 年の間に、路線価の上昇率が 26.3%〜66.6% であった。この路線価の上昇は、COVID-19 を経た 2023 年においても続き、2013 年から 2023 年の 10 年間の路線価の上昇率は、

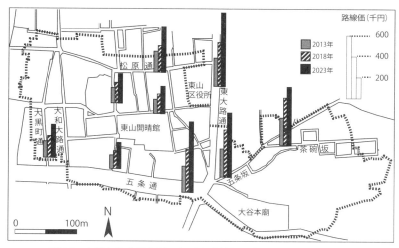

図 10　京都市東山区六原における路線価の変化（2013-2023 年）
国税庁「路線価」により作成．

55

第 1 部　インナーシティ問題と地域の再生

写真 4　東山区六原内のレンタル着物店　　　　写真 5　東山区六原内のレンタル自転車店
　　　（2019 年 3 月 23 日筆者撮影）　　　　　　　　　（2019 年 3 月 9 日筆者撮影）

88.5％〜 168.0％になった（図 10）。また、六原では、2011 年から 2012 年に坪 100 〜 110 万円だった町家が 2016 年には坪 200 〜 250 万円に上昇した[29]。さらに、京阪電鉄の清水五条駅から徒歩 10 分圏内の町家の価格が、2015 年で坪 200 万円から 2017 年 11 月時点で坪 300 万〜 350 万円と上昇した事例もある[30]。町家は、中国や台湾の富裕層を顧客に持つ中国や台湾出身の不動産会社、もしくは東京のファンド会社によって購入される場合が多く、個人の居住目的によるものはほとんどない[31]。町家のゲストハウスとしての利用が投資の対象となり、不動産価格の高騰の一因となっていると推察される。

　地域に及ぼす三つめの影響は、商業施設の変化である。六原では海外からの観光客を対象としたレンタル着物店（写真 4）やレンタル自転車店（写真 5）などが開業した。これらの店舗の開業は、町家ゲストハウスの増加に伴い、ゲストハウスを利用する外国人宿泊客の需要を想定したものである。このような観光客向けの新しい店舗は、地域住民が利用していた喫茶店や総菜店だった店舗をリノベーションして開業したため、地域住民が利用してきた飲食店などが減少した[32]。京都市では、中国資本によるレンタル着物店が増加しており、これは中国からの観光客の需要を取り込んだものである[33]。このように、六原における町家ゲストハウスの増大は、地域社会に多くの影響を及ぼしていた。

6. 地域住民の対応と取組み

　こうした事態を六原の住民はどのように受け止め、どのように対応しようとしているのか。本稿ではさらに、六原まちづくり委員会の取組みを中心に地域側の対応についても検討した。六原は、2010年に京都市の地域連携型空き家流通促進事業モデル地区に選定され、六原自治連合会内の六原まちづくり委員会を中心に空き家対策事業を実施してきた。空き家対策としては、空き家の物件調査や空き家所有者の意向調査、空き家の活用・流通提案などがある[34]。これらは、不動産業や建築業、相続に関する専門家や大学、まちづくり支援団体、若手芸術家支援団体などの外部団体と連携を図り実施している。また、防災対策として、防災まちづくりマップの作成、袋路の緊急避難経路整備や袋路始端部の耐震防火改修などの活動も行ってきた[35]。

　六原まちづくり委員会は、簡易宿所が急激に増加している状況に対して、民泊部会を設置し、簡易宿所の対策について検討を重ねてきた[36]。六原まちづくり委員会が実施した簡易宿所の対策は次の三点になる[37]。第一点は、簡易宿所の実態調査である。六原まちづくり委員会は、2016年に六原にある30の町内会に簡易宿所の実態調査を依頼し、その結果をもとに簡易宿所一覧を作成した。2016年時点の町内会で確認した簡易宿所一覧と京都市が発行している「京都市旅館業施設一覧」を照合の上、届け出のない宿泊施設を特定し、違法な宿泊営業に対して、営業の中止を求めるなど、違法民泊に対応した。町内会単位で簡易宿所を把握することで、簡易宿所の運営会社が明らかになり、トラブルが生じた時の連絡が容易となった。

　第二点は、事業運営側[38]との協定の締結である。京都市では、簡易宿所の届けを行う際、事業運営側は、事前に設置場所の近隣への説明会の開催が必要である。そのため、事業運営側から六原にある各町内会に対し、説明会の実施などについて頻繁に問合せがあった。対応に困惑していた各町内会に対し、六原まちづくり委員会は、事業運営側への対応方法について、2017年より講習会を実施した。講習会においては、町内会と事業運営側との間で迷惑行為の防

止（たばこのポイ捨てやごみの違法投棄、大声や騒音などの防止）や宿泊施設の運営（ごみの処理責任、消火器や自動火災報知機の設置など）について必要事項の取り決めができるように、京都市が作成した協定案をもとに協定締結方法を指導した。このような取組みの結果、事業運営側の多くは、迷惑行為の防止策を実施し、住民と簡易宿所のトラブルは減少してきた[39]。

　第三点は、宿泊施設を運営する運営会社の事業展開における連携である。海外の富裕層や東京のファンド会社からの投資が増えたことにより、投資家から簡易宿所の運営を委託される運営会社が増えた。簡易宿所が急激に増加する中、運営会社は他社よりも多くの宿泊客を得るために、例えば、海外からの観光客に地域の住民が利用する食事の場の提供など、宿泊以外のサービス提供を模索していた。このような相談を運営会社から持ちかけられた六原まちづくり委員会は、運営会社と緊密な関係を望んでいたこともあり、2018年より地域の飲食店の紹介など、事業連携を始めた[40]。

　このように六原まちづくり委員会では、地区内の簡易宿所の実態を把握し、簡易宿所の設置の段階で、協定書などによる地域の秩序や安全を守る対策を行った。また、運営会社と連携することにより、顔が見える付き合いを行い、住民の不安を軽減する対応を行ってきた。

7. おわりに

　京都市では簡易宿所が急激に増加しており、六原においては、簡易宿所の中でも町家ゲストハウスが増加していた。町家のゲストハウスへの再利用により、町家が空き家になるリスクは低減され、町家が減少するリスクも下がる。その結果、町家によって構成される歴史的町並みは保全される。しかし、町家の活用がゲストハウスだけに偏った場合、地域住民にとって騒音や環境の悪化、立ち退きなどの問題が起こる。町家という京都を象徴する景観は守られたとしても、町家で暮らす人々が生み出してきた暮らしの文化などが、損なわれるリスクが生じている。

　本章では、六原における実態調査から、これまで先行研究においては、社会

的有効性が強調されてきた町家の再利用において、町家のゲストハウスの再利用が、いかに多様な問題を孕んだ事象であるかを、空間的（立地、施設タイプ）ならびに地域住民の視点から立証した。

　まず、京都市において町家ゲストハウスが急激に増加した要因についてとらえたところ、空き家対策や町家の保全が必要とされる一方で、訪日外国人旅行者の急激な増加による宿泊施設不足があった。この状況において、町家のゲストハウスへの改修費用などの補助金の支給、玄関帳場（フロント）の設置義務の免除などの規制緩和、空き家活用相談員の設置など、京都市の施策の影響が認められた。

　そして、町家ゲストハウスの急増がみられる京都市六原において、具体的な施設タイプや立地の特徴から現状の空間的特性をとらえた。京都市六原では、簡易宿所の80.7％は町家ゲストハウスであり、その内、一棟貸しの町家ゲストハウスは86.9％であった。これは、細街路に面した町家や長屋建ての町家が多く残存し、建替えも進まなかったため、町家ゲストハウスとしての再利用が進んだことによる。またこの地域で町家ゲストハウスが増加した要因として、六原の交通の利便性や観光地に近接した地域特性もあげられる。

　そうした状況をとらえた上で、町家ゲストハウスの急増が地域に及ぼす影響とそれに対する住民側の対応について明らかにした。本章では、ゲストハウス利用者の騒音や煙草の吸い殻の放置などに地域住民が悩まされ、防犯、防火などの側面では、地域住民の不安が増していた。こうした状況の中、地域住民は町家ゲストハウスなどの簡易宿所の営業実態を把握し、簡易宿所の設置の段階で運営会社と協定を結ぶなど対策を講じると共に、運営会社との事業連携により、住民の不安を軽減している状況を明らかにした。

　このような実態から京都市における町家の再利用については、その社会的有効性のみならず、地価高騰などの問題を踏まえると、ツーリズムジェントリフィケーション（tourism gentrification）という視点から、分析していく必要性があると考える。ツーリズムジェントリフィケーションとは、観光の需要による不動産価格の高騰や商業施設の変容として示され、商業空間の再開発において、不動産ファイナンスや大規模な機関投資家など、世界中から資金が調達さ

第1部　インナーシティ問題と地域の再生

れる現象である（Gotham 2005）。Gotham（2005）や Cocola-Gant（2018）では、歴史的町並み保全がツーリズムにより促進される地域でのツーリズムジェントリフィケーションの発現もすでにとらえられている。これらの研究を踏まえると、本稿において明らかにした六原における、海外からの不動産投資による地価の高騰、商業施設の変容などは、ツーリズムジェントリフィケーションの一端を示すものとして、とらえることができよう。

注
1）調査対象地区は、北は丸太町通、南は五条通、東は河原町通、西は堀川通の幹線道路の内側で、対象となる町家 80 軒のうち、40 軒に聞取り調査を行った結果である。
2）職住共存地区を含む竹間、富有、城巽、龍池、初音、柳池、銅、本能、明倫、日彰、生祥、格致、成徳、豊園、開智、醒泉、修徳、有隣の 18 元学区である。
3）京都市・京都市景観まちづくりセンター・立命館大学（2011）『平成 20・21 年度「京町家まちづくり調査」記録集』による。
4）前掲 3）。
5）観光庁（2017）『観光統計　宿泊旅行統計調査（平成 29 年 4 月・第 2 次速報、5 月第 1 次速報)』による。
　http://www.mlit.go.jp/common/001190350.pdf（2017 年 10 月 21 日最終閲覧）
6）京都市（2022）『許可施設数の推移（令和 5 年 1 月末日現在 速報値)』による。
　https://minpakuportal.city.kyoto.lg.jp/wp-content/uploads/2023/02/cec91af618d62c047141433c23415d05.pdf（2024 年 6 月 1 日最終閲覧）
7）京都市（2020）『京都市における宿泊施設の状況（許可施設数、届出住宅数、無許可施設への対応等)』による。
　https://minpakuportal.city.kyoto.lg.jp/news/953.html（2020 年 3 月 11 日最終閲覧）
8）ゲストハウスと称される施設は多岐にわたり、シェアハウスや宿泊施設、結婚式場、大学の宿舎などがある（石川 2014b）。このうち、宿泊施設としてのゲストハウスが簡易宿所に含まれる。ゲストハウスは、空き家などを改修・改築したものが相対的に多く、相部屋を設け、基本的に素泊まりで、その宿泊費も比較的低廉である（石川 2014a）。
9）厚生労働省「旅館業法の概要」による。
　https://www.mhlw.go.jp/bunya/kenkou/seikatsu-eisei04/03.html（2019 年 2 月 23 日最終閲覧）
10）「京都市旅館業施設一覧」の住所をもとに元学区単位で集計を行い調べた結果による。集計は、2017 年 1 月、2018 年 10 月の 2 回実施した。
11）京都市（1981）『史料京都の歴史　第 10 巻　東山区』平凡社による。
12）京都市教育委員会（2017）『六原－輝ける 141 年のあゆみ－』による。
13）前掲 11）。

60

14）清水焼団地共同組合ホームページ掲載の組合企業の概要による。

http://www.kiyomizuyaki.or.jp/member/m67/（2019 年 6 月 29 日最終閲覧）

15）京都府商工労働観光部（2015）『平成 27 年（2015 年）京都府観光入込客調査報告書』による。

16）前掲 6）。

17）京都新聞「京都の宿泊施設、誘致方針から転換市長「満たされつつる」」2019 年 5 月 28 日配信による。

https://www.kyoto-np.co.jp/politics/article/20190528000015（2019 年 5 月 29 日最終閲覧）

18）京都市（2023）「許可施設数の推移（令和 5 年 1 月末日現在 速報値）」による。

https://minpakuportal.city.kyoto.lg.jp/wp-content/uploads /2023/02/cec91af618d62c047141433c23 415d05.pdf（2023 年 11 月 19 日最終閲覧）

19）京都市産業観光局観光 MICE 推進室（2016）『京都市宿泊施設拡充・誘致方針』による。

20）京都市「京都市空き家の活用、適正管理等に関する条例」による。

http://www.city.kyoto.lg.jp/tokei/cmsfiles/contents/0000155/155468/akiya-jyorei.pdf（2017 年 6 月 7 日最終閲覧）

21）京都市「京都市空き家活用・流通支援等補助金について」による。

http://www.city.kyoto.lg.jp/tokei/page/0000167423.html（2016 年 12 月 15 日最終閲覧）

22）京都市情報館「密集市街地対策 防災まちづくりの事例 六原学区（東山区）の取組」による。

http://www.city.kyoto.lg.jp/tokei/page/0000186517.html（2019 年 2 月 8 日最終閲覧）

23）山城町内のコミュニティスペース「なんてんカフェ」において、近隣に居住する住民 5 名（70 歳代後半から 80 歳代前半の女性）からの聞取り（2018 年 8 月 4 日実施）による。

24）2018 年 5 月 31 日の市議会にて、京都市は家主不在型の民泊と同様に簡易宿所についても「駆け付け要件」を義務づけ、施設外に玄関帳場を置くことができる小規模宿泊施設や、帳場の設置が免除される京町家の簡易宿所の場合、施設まで 10 分以内で行ける場所への従業員らの駐在が必要となった。既存施設は 2020 年 3 月まで適用を猶予されていた。

25）前掲 23）。

26）前掲 15）。

27）2017 年 12 月 13 日実施の六原まちづくり委員会民泊部会での参加者からの発言による。

28）山城町内の町家ゲストハウスの近隣に居住する住民 2 名（女性、70 歳代後半）からの聞取りによる（2019 年 3 月 9 日実施）。

29）株式会社八清の代表取締役の西村孝平氏からの聞取りによる（2018 年 7 月 2 日実施）。

30）朱（個人事業）代表の吉山勇司氏からの聞取りによる（2017 年 11 月 24 日実施）。

31）前掲 30）。

32）六原まちづくり委員会の委員長菅谷幸弘氏からの聞取りによる（2017 年 8 月 25 日実施）。

33）前掲 32）。

34）六原まちづくり委員会『「住んでいてよかったまち、これからも住みつづけたいまち」京都市東山区六原学区における住民主導の空き家対策とまちづくり』による。

http://rokuhara.org/about/akiya_and_bousai.pdf（2017 年 11 月 15 日最終閲覧）

第 1 部　インナーシティ問題と地域の再生

35）京都市情報館「六原学区（東山区）の取組」2016 年 5 月 26 日配信による。
　　http://www.city.kyoto.lg.jp/tokei/page/0000186517.html（2017 年 12 月 10 日最終閲覧）

36）民泊部会は 2018 年 3 月でいったんその役目を終えたとして終了した。

37）前掲 32）。

38）事業運営側とは、所有者（オーナー）、運営会社（宿泊施設を運営する企業）、管理会社
　　（掃除や鍵の受け渡しなどを委託されている企業）を示す。

39）前掲 32）。

40）2018 年 3 月 22 日開催の六原まちづくり委員会の菅谷幸弘氏の話による。

第3章

花街の衰退と観光需要による再生
－京都市下京区菊浜－

1. 京都市における観光需要の増加

　2003 年のビジット・ジャパン事業以降、訪日外国人旅行者数は年々増加し、2003 年の 521.1 万人から 2019 年は 3188.2 万人と、1964 年の統計以降、最高となった[1]。このような訪日外国人旅行者の増加により宿泊需要が拡大し、宿泊施設数が増加している。特に顕著なのが、簡易宿所の増加である。簡易宿所とは、宿泊する場所を多数人で共用する構造及び設備を主とする施設を設け、宿泊料を受けて人を宿泊させる営業で、下宿営業以外のものである。簡易宿所は全国的に増加しているが、都道府県別では 2018 年に沖縄県が最も多く 3,859 軒、次いで長野県の 3,725 軒、京都府の 3,498 軒であった[2]。京都市内の簡易宿所数は 2,710 軒と京都府内の 77.5％を占める。

　京都市における簡易宿所の増加に関しては、川井ほか（2018）によって、京都市三区（中京区、下京区、東山区）を対象に簡易宿所の立地が地価に影響を与えていることが示された。また、WANG・吉田（2020）では、京都市四区（上京区、中京区、下京区、東山区）を対象とした町家を再利用した簡易宿所の所有者の実態調査により、宿泊施設の需要の増加に伴い所有者変更（売買）が活発となり、その所有者の一定数が、外国籍であることが示されている[3]。そして、川井・阿部（2018）では、簡易宿所の建設にともなう住民の立ち退きについて報告されている。

　本章では、簡易宿所が増加した背景ならびに地域に及ぼす影響について、ツー

第1部　インナーシティ問題と地域の再生

リズムジェントリフィケーション[4]の観点で検証を行い、その特性を明らかにした。また、COVID-19により観光需要が大幅に減少した当時の影響についても合わせて報告する。

本章で報告する地域は、京都市下京区の菊浜元学区（以下、菊浜）である。菊浜は、京都市内の簡易宿所数を元学区単位で集計した際に、簡易宿所が多く、2017年以降に簡易宿所が急激に増加した地域である。この急激な増加に着目し、①簡易宿所の立地の特徴、②簡易宿所が増加した要因、③簡易宿所数の増加による地域への影響について、ツーリズムジェントリフィケーションの観点で検討した。また、COVID-19による菊浜での影響について述べる。

2. 京都市における宿泊需要の増加

京都市内では宿泊客数が年々増加し、特に外国人宿泊客数が急激に増加した（図1）。2018年は宿泊客数全体で1582万人と過去最高値になり、外国人宿泊客数も450.3万人と過去最高で[5]、外国人宿泊客数の占める割合が28.4%になった[6]。京都市内の宿泊施設は、需要に対して供給が追いつかず、京都市は、2016年12月に「京都市宿泊施設拡充・誘致方針」を決定した。その中では、2020年に外国人宿泊客440万人を受け入れるために、京都市内で約4万

図1　京都市の宿泊客数の変化（2010-2019年）
京都市（2020）『京都観光総合調査　令和元年1月〜12月』により作成．

64

室分の宿泊施設が必要と示され、宿泊施設拡充のための施策が提示された。京都市の宿泊施設拡充策により、京都市内では宿泊施設が大幅に増加した。特に増加したのが簡易宿所である。2011 年から 2019 年の間で、ホテルが 550 軒から 673 軒の増加に対し、簡易宿所数は 328 軒から 3,334 軒と 10.2 倍になった[7]。特に 2016 年からの増加が顕著である。

　簡易宿所の中で、町家を改修して宿泊施設にした町家ゲストハウスは、2012 年の 6 軒から 2020 年には 955 軒へと 8 年間で急激に増加した。町家ゲストハウスが増加した背景には、京都市の関与がある。

　京都市は、2012 年に宿泊者を少人数の一組に限ることや、対面により鍵の受け渡しを行うことなど、適切な管理運営を担保したうえで、町家を活用した宿泊施設について玄関帳場（フロント）の設置義務を免除した。これにより、一棟貸しの町家ゲストハウスが増加するきっかけになった。

　町家ゲストハウスは、2016 年以降に急激に増加し、簡易宿所全体の 29.4％を占め、特に宿泊客だけで滞在できる一棟貸しの町家ゲストハウスは、1 泊 2 万 5000 ～ 5 万円の宿泊料を設定できることから需要が高まり、町家が売りに出されるとすぐに売買が成立し、不動産価格の高騰を誘引した（池田 2020a）。

3. 京都市下京区菊浜における簡易宿所の増加

（1）京都市下京区菊浜の概要

　本研究の対象地の菊浜は、鴨川に隣接した五条通と七条通の間に立地し（図2）、大正から昭和中期頃まで、娼妓数においては京都市内で最大の規模の茶屋・遊郭があった地域である（井上 2014a）。菊浜の学区域の都市化は、1706（宝永 3）年に妙法院門跡領に町家が建てられたことに始まり、市街地が形成された後、学区域は二つの性格を合わせもって発展した。六条新地の町は高瀬川で運漕された薪炭・米穀などの荷揚げの場となり、各種の問屋が軒を連ね、舟入が造られた。その一方で、七条新地、北七条新地、五条橋下は遊女化し、1790（寛政2）年に島原からの出稼ぎという形で、七条、北七条両新地の遊郭が公認されている[8]。1957（昭和 32）年に売春防止法の施行により「五条楽園」と名称

65

第 1 部　インナーシティ問題と地域の再生

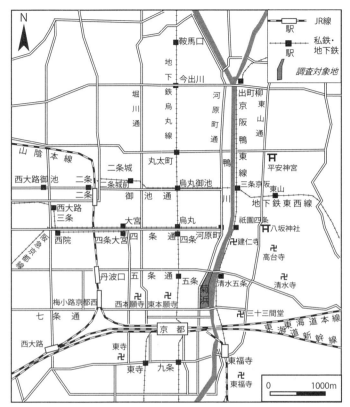

図 2　京都市中心部と調査対象地
筆者作成.

を変更し営業を続けていたが、2010 年に全ての貸座敷が廃業となった（井上 2014a）。旧五条楽園内の高瀬川沿いにはお茶屋建築が多く残り、現在でも風情がある地域といえる。

　その一方で、かつては指定暴力団の本部事務所があり、元遊郭という地区の歴史とも重なり、京都駅から徒歩圏内の立地でありながら、不動産の売買が停滞していた。

第 3 章　花街の衰退と観光需要による再生

（2）菊浜における簡易宿所の立地と増加の要因

　図 3 で菊浜における宿泊施設の分布を示した（2020 年 8 月 31 日時点）。簡易宿所の立地の特徴として、菊浜の北半分の旧五条楽園に集中していることがあげられる[9]。菊浜では、2014 年に 3 軒だった簡易宿所が 2016 年時点で 15 軒と増加したが、京都市全体では 2016 年から簡易宿所が急激に増加していたのに比較すると低調であった。

　その後、菊浜では簡易宿所が、2017 年に 35 軒、2018 年に 57 軒、2019 年に 67 軒、2020 年で 78 軒（9 月 30 日時点）まで増加した[10]。78 軒の内、町家を再利用した町家ゲストハウスは、40 軒（51.3％）、町家ゲストハウスの内、一棟貸しのものは 32 軒（41.0％）である。

　菊浜で簡易宿所が急激に増加した理由は次の 3 点になる。一つめは、簡易宿所として再利用できる物件が多くあったことである。菊浜では、2010（平成 22）年に売春防止法違反容疑で元締めや経営者が逮捕されたことにより、全ての貸座敷が廃業となった後、茶屋や置屋が使用されずにそのまま

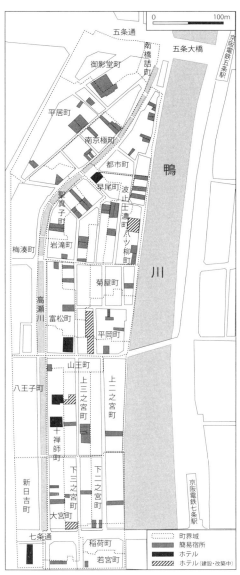

図 3　宿泊施設の分布（菊浜）
京都市（2020）『京都市旅館業施設一覧（2020 年 9 月末時点）』により作成.

第 1 部　インナーシティ問題と地域の再生

写真 1　高瀬川沿いの町家ゲストハウス
（2018 年 12 月 5 日筆者撮影）

残っている状態であった（内貴ほか 2013）。4m 未満の細街路に面した建物（写真 1）は、建替えられずに空き家となっていた[11]。

二つめは、これらの空き家の流通を阻害していた要因が取り除かれたことによる。菊浜では、暴力団の本部事務所があったことにより不動産が流通しにくい状態であったが、2017 年に京都地裁から暴力団の本部事務所の使用を禁じる仮処分が出てから、不動産が流通するようになった[12]。

三つめは、不動産価格が低く抑えられていたことである。既に簡易宿所の需要で京都市内の町家の価格が高騰していた中（池田 2020a）、京都駅から徒歩圏内にありながらも、性風俗と暴力団のイメージ（内貴ほか 2013）により不動産価格は低く抑えられ[13]、2017 年時点で簡易宿所用の物件として取得しやすい状況であった。そして、菊浜に残っていた茶屋や町家は、町家ゲストハウスの需要の高まりにより、簡易宿所として再利用されていた。菊浜では簡易宿所だけではなく、2017 年以降にホテルが 8 軒開業するなど、宿泊施設の増加が続いている。

4. 地域に及ぼす影響

簡易宿所の増加に伴い、菊浜では変化が生じている。一つめは、路線価の上昇である。菊浜の路線価は、バブルが終焉した 1991 年に高値をつけて、その後、下降した。2007 年から 2008 年にわずかな上昇が見られるが、その後も下降が続きながらも、2017 年に反転した。南京極町の路線価は、2016 年の 145 千円 / ㎡から 2020 年には 215 千円 / ㎡と 48.2％上昇し、聖真子町も 130 千円 / ㎡から 205 千円 / ㎡へと 57.6％上昇した（図 4）。これらは、置屋や町家などが簡易宿所へと再利用されていった時期と重なる。菊浜のゲストハウスのオーナー

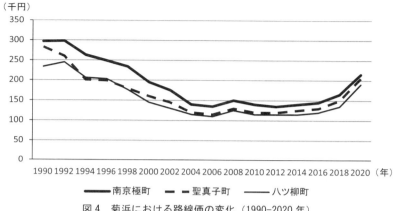

図4 菊浜における路線価の変化（1990-2020年）
国税庁「路線価」により作成.

は、中国やフランス、台湾国籍の人が多く、彼らは鴨川の眺望を気に入り、京都市で町家を所有することに価値を見出し、ゲストハウスやセカンドハウスとして利用している[14]。

　その一方で、2017年から開業が続いているホテルなどは、戸建て住宅4棟が取り壊されて建設されるなど、居住空間の消失が続いている。このように住宅が宿泊施設に置き換わることで、住民の立ち退きといったツーリズムジェントリフィケーションのリスクが懸念される。菊浜は高齢の単身世帯が多く[15]、生活保護受給者世帯が多い地域でもある[16]。また、民間の借家住まいが63.9%と京都市全体の37.7%と比較して高い[17]。菊浜内の簡易宿所の内7軒は、トイレなどが共同の賃料の低いアパートが取り壊された跡に建築されていた。そして、2020年8月26日時点で新たに共同アパート[18]が売りに出されていた（写真2）。このように賃料の低い物件が簡易宿所に置き換わっていく中、住民の立ち退きが生じている可能性がある。

　二つめは、商業施設の増加である。簡易宿所が増え始めた2016年頃から、カフェ（写真3）や料理店などの飲食店の開業が続き（表1）、観光客だけではなく、それまで菊浜に足を踏み入れたことのない若い人々が訪れ、バーなどで海外からの観光客と交流するようになった[19]。菊浜で2016〜2023年に新

第 1 部　インナーシティ問題と地域の再生

写真 2　「売物件」になった共同アパート
（2020 年 8 月 26 日筆者撮影）

写真 3　高瀬川に面したカフェ
（2020 年 9 月 3 日筆者撮影）

表 1　菊浜における新規店舗の開業状況

宿泊施設併設	種別	開業年	現状
	居酒屋	2016 年	閉店
	カフェ	2016 年	
★	カフェ	2017 年	閉店
	会席料理	2018 年	
★	バー	2018 年	閉店
	バー	2018 年	
★	カフェ	2019 年	
★	居酒屋	2019 年	
	居酒屋	2019 年	
	惣菜・立ち飲み	2020 年	
	蕎麦	2021 年	
	レバノン料理	2021 年	
	バー（ノンアル）	2022 年	
	カフェ	2022 年	
	韓国料理	2022 年	
	日本酒バー	2023 年	

併設はゲストハウス内での営業を示す．
現地調査と各店舗ホームページにより作成（2022年時点）．

規開業した店舗は、居酒屋などの和食 6 軒、カフェ 4 軒、バー 4 軒、多国籍料理 2 軒の合計 16 店舗あったが、既に 3 店舗が閉店している。

三つめは、茶屋建築の新たな活用である。2020 年 3 月に開業した「UNKNOWN KYOTO」は、1 階はコワーキングスペースと食堂、2 階は簡易宿所というコリビング施設としてお茶屋を再利用している。コリビングとは、寝泊まりする場、仕事をする場、飲食する場の揃った職住一体施設である。また、「UNKNOWN KYOTO」の事業母体は隣接するお茶屋を借りてシェアオフィスを運営し、4 畳半の 3 室、6 畳の 1 室が独立したオフィスとして利用され、スモールビジネスが集積するようになった。

このように、2010 年に全ての貸座敷が廃業し、暖簾を降ろしたまま衰退し

ていた地域に宿泊施設が集積し、そこに観光客を対象とした飲食店が開業した。さらにはスモールビジネスの拠点が形成され、人々が集う場に変化した。

5. 簡易宿所の減少

(1) COVID-19 以前の京都市の状況

簡易宿所数は 2020 年の 3,680 軒をピークに、2022 年には 2,978 軒に減少している。簡易宿所の営業に関しては、旅館業法に基づき京都市への申請が必要で、申請数も 2016 年から 2018 年の間は 800 軒台で推移していたが、2019 年以降は減少し、2022 年は 91 軒になった。その一方で、簡易宿所の廃業届出数は 2018 年の 147 軒から 2020 年には 583 軒と増加した（表 2）。その結果、2020 年は新規届出数よりも廃業届出数が上回り、簡易宿所が減少に転じた。

廃業数が年々増加している要因の一つとして、宿泊施設の過剰供給による競争の激化がある。宿泊施設の稼働率が下がり、価格競争になったことで簡易宿所の売上が減少した。COVID-19 の影響が出る前に実施された簡易宿所へのアンケート調査では、2018 年比で売上の減少が生じている簡易宿所は 81% と経営の厳しさが浮き彫りになった[20]。

また、2018 年 6 月の「京都市旅館業法に基づく衛生に必要な措置及び構造設備の基準等に関する条例」の改正により、2020 年 4 月から「駆け付け要件」

表 2　簡易宿所の廃業届出数と新規届出数

許可年	簡易宿所数	新規許可軒数	簡易宿所数 （前年＋新規）	廃業
2014 年	460	79		
2015 年	696	246	706	10
2016 年	1,493	813	1,509	16
2017 年	2,291	871	2,364	73
2018 年	2,990	846	3,137	147
2019 年	3,337	602	3,592	255
2020 年	3,104	350	3,687	583
2021 年	2,887	152	3,256	369
2022 年	2,804	91	2,978	174

京都市民泊ポータルサイト（2024）『旅館業法許可施設の推移』により作成.

第1部　インナーシティ問題と地域の再生

が定められた影響もある。「駆け付け要件」とは、玄関帳場のある宿泊施設において、客の宿泊中は管理者の駐在を定め、施設外に玄関帳場を置く小規模宿泊施設は、10分以内で駆け付けられるように800m以内の場所に管理者を配置するよう義務付けられたものである。駆け付け要件に適応するための人件費の増加によりさらに収益が悪化し、廃業する施設の増加が危惧されており[21]、価格競争による売上の減少ならびに、人件費などの経費の増加により経営が圧迫された簡易宿所が廃業していったと推察される。

　そして、先述の廃業数は京都市への届け出ベースであり、届けを出さずに廃業している場合もある。京都市では、宿泊施設の営業実態調査を行っているが、廃業の届け出もなく営業の実態を掴めない簡易宿所を訪問したら、既に更地になっている場合もあり[22]、廃業数はさらに多いと推察される。

(2) COVID-19以降の京都市の状況

　COVID-19の発現後、海外からの観光客数が途絶えたことにより、観光業に大きな打撃が生じている。京都市でも、2020年4月に観光客の外国人延人数伸率は前年比－99.7%、日本人延人数伸率前年比－89.7%となり、4月の客室稼働率は5.8%まで減少した。その後、8月の外国人延人数伸率は前年比－99.8%のままであったが、日本人延人数伸率は8月には前年比－48.2%まで回復したため、京都市での客室稼働率は22.8%まで回復した（図5）。このように回復基調にあるものの、2019年8月の客室稼働率の83.3%には及ばない状態である[23]。

　2020年7月からのGoToトラベルキャンペーンの実施により国内旅行の需要は回復しているが、一律35%の割引という制度により、高価格帯の宿泊施設の利用に偏り、低価格帯の宿泊施設の利用喚起にはいたらなかった。京都市簡易宿所連盟による簡易宿所の営業許可を持つ事業者からのアンケート結果では、「GoToトラベルキャンペーンにより予約が大きく増えた」（1%）、「予約が少し増えた」（34%）とその効果は全体の35%に留まった[24]。

72

第 3 章　花街の衰退と観光需要による再生

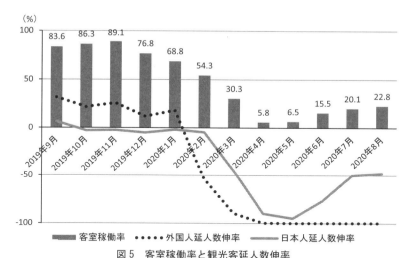

図 5　客室稼働率と観光客延人数伸率
京都市観光協会（2020）『京都市観光協会データ月報（2020 年 9 月）』により作成.

6. 菊浜における簡易宿所の営業状況

　菊浜内における簡易宿所の営業状況について、主だった宿泊予約サイトにアクセスの上[25]、営業状況を確認した。菊浜内の簡易宿所 78 軒の内、予約が可能だったのは 34 軒、予約が出来なかったのは 37 軒、中国語のホームページしかなかったのは 2 軒、不明が 4 軒となり、全体の 47％は予約が出来ない状態であった（2020 年 8 月 22 日時点）。

　菊浜の様子は、COVID-19 以前とは明らかに異なり、人通りもほとんどない状態であった。予約が出来ない簡易宿所は、玄関口に水道の閉栓の札が下がり（写真 4）、郵便受けには郵便物が溜まっていた。また、他の簡易宿所では、マンスリーレンタルに切り替えられ、その募集が掲示されていた。予約が出来ない簡易宿所は、ゴミ箱が玄関に積まれ、既に簡易宿所の営業許可が下りてはいるが、開業できない簡易宿所もあった（写真 5）。そして、開業ができない状態の簡易宿所の隣では、新規の簡易宿所の建築工事が進行していた（写真 6）。

　また、建築工事が進んでいる場所もあれば、2019 年 12 月 1 日に着工予定の

第1部　インナーシティ問題と地域の再生

写真4　水道の元栓が閉められた簡易宿所
（2020年9月2日筆者撮影）

写真5　開業できない簡易宿所
（2020年9月2日筆者撮影）

写真6　建築中の簡易宿所
（2020年9月2日筆者撮影）

写真7　工事が始まらない空き地
（2020年9月2日筆者撮影）

看板は出ているが、未だに着工されずに更地の状態の場所（写真7）や簡易宿所の建設予定の看板が設置されながら住宅用地の転売の看板が出ている更地もあった。

　こうした状況に対して、京都市は国の「新型コロナウイルス感染症対応地方創生臨時交付金」を活用し、宿泊施設の住宅への転用を促すために、「地域コミュニティ活性化に資する新たな住まい創出支援事業に係る補助金交付要綱」を定めた[26]。廃業になった宿泊施設を放置すると、地域の空洞化につながることから、事業継続が困難な宿泊施設の住宅など（オフィスや店舗の併設も可）への転用を支援する京都市の補助金制度である。

7. 町家の再利用と地域の再生

　菊浜では、2010（平成22）年に旧遊郭の五条楽園の貸座敷が全て廃業となった後、置屋や町家などの不動産が流通しないまま未利用の状態であった。その後、近隣よりも不動産価格が低く、不動産の流通を疎外していた要因がなくなったことで、簡易宿所が急激に増加した。

　その結果、置屋や町家などの歴史的建造物は簡易宿所に置き換わり、観光客向けの飲食店が増加し、路線価の上昇といったツーリズムジェントリフィケーションの兆候が生じた。そして、観光客を中心とした外部からの訪問者に向けた都市空間の再編が行われた。また、賃料の低いアパートが簡易宿所に置き換わり、住民の立ち退きのリスクが生じていた。

　その一方で、元置屋の空き室が、スモールビジネスの拠点になり、今まで菊浜を訪れることがなかった観光客などの往来の増加といった効果もあった。

　このように観光需要の高まりによって、地域が変容していた中、COVID-19が生じ、緊急事態宣言発令の元、訪日外国人の宿泊客を失ったことにより、営業が継続出来ない簡易宿所が生じている。2019年時点で宿泊施設が過剰に供給され、過当競争に移行していたが、さらに宿泊施設の廃業が続くと想定される。

　廃業した宿泊施設が住宅へと転用されることにより、京都市の中心市街地に居住者が戻るきっかけになるのか、もしくは、宿泊施設が異なる業態の事業向けに再利用され、新たなビジネスが展開されていくのか。今後も検討が必要である。

注
1）日本政府観光局「訪日外客数（年表）」による。
　https://www.jnto.go.jp/jpn/statistics/marketingdata_tourists_after_vj.pdf（2020年11月15日最終閲覧）
2）観光経済新聞（2019）「宿泊施設数は4万9502軒、簡易宿所は3000軒増」　2019年11月11日配信による。
　https://www.kankokeizai.com/%E5%AE%BF%E6%B3%8A%E6%96%BD%E8%A8%AD%E6%95%B0%E3%81%AF4%E4%B8%879502%E8%BB%92%E3%80%81%E7%B0%A1%E6%98%93

第 1 部　インナーシティ問題と地域の再生

　　%E5%AE%BF%E6%89%80%E3%81%AF3000%E8%BB%92%E5%A2%97%E3%80%80/（2020
　　年 11 月 13 日最終閲覧）

3) 外国籍に関しては、京都市が発行している「旅館業法許可施設一覧」の申請者氏名で中
　　国や韓国、台湾地域などに見られる一文字の姓、および二文字の名の場合とカタカナ表記
　　の同様の氏名から判断しているため、推定国籍である。

4) ツーリズムジェントリフィケーションに関しては第 1 章参照。

5) 2019 年の宿泊客数（全体）と外国人宿泊客数が減少しているのは、2018 年までは宿泊施
　　設へのアンケートに基づく推計による数値であったが、2019 年より宿泊税データを受けて
　　いるので、より厳密になったからである。そのため、2018 年と 2019 年は比較して検討で
　　きない。

6) 京都市（2020）『京都観光総合調査　令和元年 1 月〜 12 月』による。

7) 京都市（2020）『京都市旅館業施設一覧（2020 年 9 月末時点）』による。
　　https://data.city.kyoto.lg.jp/node/106122（2020 年 11 月 8 日最終閲覧）

8) 平凡社（1981）『史料　京都の歴史（全 16 巻）　第 12 巻　下京区』による。

9) 五条楽園は図 4 において、平居町、南京極町、都市町、早尾町、波止士濃町、八ツ柳町、
　　聖真子町、岩滝町、上二之宮町、上三之宮町、十禅師町、下二之宮町、下三之宮町が該当
　　するが、2010 年時点で菊浜の北側半分に茶屋や置屋が集積していた。

10) 前掲 7)。

11) ゼンリン（2015）『ゼンリン住宅地図　京都府京都市下京区 201506』による。

12) 篠原　匡（2019）「投資マネーで生まれ変わる京都・旧五条楽園」『日経ビジネス』、日
　　経ビジネス、2019 年 8 月 19 日配信による。
　　https://business.nikkei.com/atcl/gen/19/00069/081300002/（2020 年 8 月 12 日最終閲覧）

13) 2017 年の路線価で確認すると菊浜と近接して簡易宿所数が多い東山区六原の路線価が
　　165 〜 235 千円 / ㎡であったのに対し、菊浜の路線価は 125 〜 155 千円 / ㎡であった。

14) 菊浜内で簡易宿所を経営している中国出身のオーナーからの聞き取り調査による（2020
　　年 9 月 2 日実施）。

15) 2015 年の国勢調査によると菊浜の老年化指数は 573.3 と京都市全体の 235.1 よりも高く、
　　単独世帯率は 73.6% で京都市の 227 統計区内で 2 番目に高い。

16) 菊浜における 2010 年 4 月の生活保護受給者世帯数は 197 世帯、全世帯の 15% 以上が受
　　給世帯であり、京都市の約 4% と比較して高い（内貴ほか 2013）。

17) 菊浜の世帯数は 2015 年の国勢調査によると 1,290 の内、民営の借家は 825 で 63.9%、
　　京都市は世帯数 705,124 の内、民営の借家は 266,152 で 37.7% であった。

18) 4.5 畳が 7 室、4 畳＋ 6 畳が 1 室、6 畳が 1 室の 9 世帯（台所は各部屋に備え付け）のア
　　パートが、4480 万円で売りに出されていた（2020 年 8 月 26 日時点）。

19) 2020 年 1 月 6 日の調査時での観察による。

20) 回答数は 53。稼働率、売上単価ともに下がり、店舗の維持がぎりぎりできる現状であ
　　ることが意見として寄せられている。
　　京都簡易宿所連盟（2020）『宿泊税に関する調査第二回報告書』による。

https://drive.google.com/file/d/18BV_3bQnlsEVdmHYoiUX1RF46H7_GNmx/view（2020 年 11 月 17 日最終閲覧）

21）京都新聞（2019）「京都でゲストハウスなど簡易宿所の廃業急増　半年で 98 施設、価格競争激化」2019 年 11 月 16 日配信による。

https://www.kyoto-np.co.jp/articles/-/67401（2020 年 11 月 8 日最終閲覧）

22）2020 年 9 月 4 日に京都市保健福祉局医療衛生推進室医療衛生センターへの電話取材による。

23）京都市観光協会（2020）『京都市観光協会データ月報（2020 年 9 月）』による。

https://www.kyokanko.or.jp/report/hotel202009（2020 年 11 月 18 日最終閲覧）

24）前掲 20）。

京都簡易宿所連盟が 2020 年 9 月 30 日〜10 月 11 日に実施したオンラインによるアンケート調査結果（簡易宿所営業許可を持つ事業者 142 名、252 施設に依頼し 73 名から回答）に基づく。

25）じゃらん net、楽天トラベル、yahoo トラベル、booking.com、アゴダ、トリバゴなどの予約サイトにアクセスの上、予約ができるかどうか、2020 年 8 月 15 日〜22 日に調査を実施した。

26）工事費はかかった費用の 4 分の 3 の補助が受けられ、住宅設備改修工事（台所設備、浴室設備、洗面所設備等）、内部改修工事（壁、床、天井等）、外部改修工事（屋根、外壁、建具等）などが適応される。

京都市（2020）「地域コミュニティ活性化に資する新たな住まい創出支援事業に係る補助金交付要綱」による。

https://www.city.kyoto.lg.jp/tokei/cmsfiles/contents/0000273/273504/youkou2.pdf（2020 年 11 月 29 日最終閲覧）

第 2 部

歴史的建造物の再利用と地域の変容

第2部　歴史的建造物の再利用と地域の変容

第4章

歴史的建造物の再利用と地域の変容

－石川県金沢市ひがし茶屋街－

1.　金沢市における観光需要の増加

　第2章・第3章で示したように、訪日外国人の増加に伴い、観光需要が拡大し、地域にさまざまな影響を及ぼしている。歴史的建造物の保存により、ツーリズムが促進され、歴史的建造物が観光客向けの店舗やホテルに再利用される（藤塚 2019）のも、その一つである。こうした歴史的建造物を保全している地域で観光化が進むことにより、その地域社会の本質を忘れさせ、観光客の期待する土産物店と飲食店を中心とした「書き割り[1]」のような町を生み出しかねない（片桐 2000）と指摘されてきた。

　実際に、京都市の重要伝統的建造物群保存地区の清水寺産寧坂の周辺においては、町家が土産物店や飲食店として再利用され、観光地として賑わう一方で、旧住民がほとんど住んでいない地域へと変容した（野田 2006）。

　また、京都市では宿泊需要の高まりにより、町家が簡易宿所へと再利用され、町家の価格が高騰する現象も生じた（池田 2020a）。

　金沢市も多くの歴史的建造物を有する地域であるが、既に北陸新幹線開業以前から、ひがし茶屋街を含む東山ひがし重要伝統的建造物群保存地区において、観光による弊害が懸念されていた。そして、修景事業後に来住した新規世帯の開設事業所が、主として観光客を対象とした事業を行っているため、観光客の来訪に否定的な既存世帯の反発を招かないように、新規事業所の業種や営業形態をコントロールする必要性（小林ほか 2002）が示されていた。

80

第 4 章　歴史的建造物の再利用と地域の変容

　また、建物だけを遺すのではなく，本来の茶屋町特有の空間的特徴を残すためには、かねてからの事業形態の存続が理想であるが、それが難しい場合、これに代わる活用法を見いださなければならない（黒川 2000）と指摘されていた。

　こうした指摘があったが、茶屋建築を利用した金沢の土産物店や飲食店、工芸店などの多様な店舗の集積が、女性客や子ども連れの家族をはじめとした観光客を惹きつけ、かつての金沢の格式ある夜の文化の茶屋街において、その歴史的景観を保持しながらも観光化と昼間化 [2)] が進行している（石原 2014）と指摘されている。このように、東山ひがし重要伝統的建造物群保存地区では、北陸新幹線開業前に、すでに観光の需要に伴い地域の変容が生じ、路線価も緩やかに上昇（内田 2015）していた。

　本章では、北陸新幹線開業後の観光需要の拡大に伴う地域の変容とその影響について、金沢市のひがし茶屋街を中心とした東山地区を対象に検証した。東山地区を対象とするのは、金沢市内の観光地の中で、ひがし茶屋街が兼六園、金沢城公園に次いで観光客が多く訪問する場所であり [3)]、ひがし茶屋街に近接した住宅地においても、変化がみられたからである。具体的には、東山ひがし重要伝統的建造物群保存地区（東山 1 丁目）と城北大通りを挟んで近接し、簡易宿所が増加している住宅地（東山 3 丁目）を対象に検討した。

2.　金沢市東山の概要

　研究対象地域の東山 1 丁目は、ひがし茶屋街のある東山ひがし重要伝統的建造物群保存地区で [4)]、東山 3 丁目は城北大通りを挟んで北西にある住宅地である（図 1）。

　ひがし茶屋街は、文政 3（1820）年に卯辰山西麓の浅野川近くに設けられ、卯辰茶屋町とも浅野川茶屋町とも呼ばれ、卯辰山山麓の寺社で行われる行事や川原の歌舞伎小屋、見世物小屋を訪れ、門前町の茶屋で楽しむ人々などで賑わっていた。その後、茶屋町は天保 2（1831）年にいったん廃止となったが、幕末の慶応 3（1867）年に再び公認され、明治以降は「東新地」「ひがし」として、市内随一の格式と賑わいを誇る茶屋町として、茶屋文化を引き継いでいる [5)]。

81

第 2 部　歴史的建造物の再利用と地域の変容

図 1　金沢市内中心部
筆者作成.

一方、東山 3 丁目は、「関助馬場」と呼ばれた藩士の調馬場があり、佐賀関助が荒廃した馬場を再興したことからこの名前が付いたとされている。松平三代家譜に前田利常が駿馬を好んでここを訪れ、馬場の入札が寛文 4（1664）年に行われていることから、この地域はこの頃に成立したとされている[6]。学区内にある馬場小学校の名称も、旧町名の馬場や関助馬場に由来している。

第 4 章　歴史的建造物の再利用と地域の変容

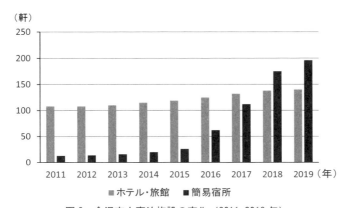

図 2　金沢市内宿泊施設の変化（2011-2019 年）
2019 年は 5 月 31 日時点．金沢市（2019）「旅館業法に基づく許可施設一覧」により作成．

3．観光客の増加と観光関連施設の増加

（1）簡易宿所の増加

　金沢市の観光客数は、新幹線開業前の 597 万 9,183 人（2014 年）から開業後には 908 万 6,281 人（2018 年）へと大幅に増加した[7]。これに伴い、宿泊客数も 274 万 9,577 人（2014 年）から 330 万 5,090 人（2018 年）へと増加し、特に訪日外国人の宿泊客数が 20 万 580 人（2014 年）から 52 万 2,343 人（2018 年）と増加した[8]。その結果、宿泊施設が増加し、特に増加したのが簡易宿所である。2011 年には 13 軒だった簡易宿所が、2019 年 5 月 31 日時点で 196 軒まで増加した（図 2）[9]。

　簡易宿所とは、宿泊する場所を多人数で共有する構造及び設備を設けて行う営業であり、旅館業法では、ベッドハウス、山小屋、ユースホステルの他、カプセルホテルなどが該当すると定められ、ホテル・旅館営業や下宿営業と区分されている[10]。ゲストハウスも簡易宿所のひとつである[11]。

　金沢市内の簡易宿所を町単位で集計した結果、簡易宿所が多い地域は、東山、野町、小将町であった（2019 年 5 月 31 日時点）。いずれも、観光地に近接し、東山は前述のようにひがし茶屋街に、野町はにし茶屋街、小将町は兼六園に近

83

第 2 部　歴史的建造物の再利用と地域の変容

表 1　簡易宿所の地域別特徴

	町家		一般住宅		ビル		総合計
	軒数	割合	合計	割合	合計	割合	
東山	12	66.7%	5	27.8%	1	5.6%	18
野町	6	46.2%	2	15.4%	5	38.5%	13
小将町	1	7.7%	2	15.4%	10	76.9%	13

東山は東山 1 丁目と 3 丁目を示す.
金沢市（2019）「旅館業法に基づく許可施設一覧」と各施設のホームページにより作成（2019 年 5 月 31 日時点）.

接している（図 1）。簡易宿所のタイプは地域によって異なり、東山は町家を改修したゲストハウス（以下、町家ゲストハウス）が 66.7%、小将町は賃貸アパートをリノベーションしたゲストハウスが 76.9% であった（表 1）。

（2）簡易宿所の増加の要因と立地特性

　簡易宿所が多く集積している東山 3 丁目を対象に、簡易宿所の分布（図 3）と簡易宿所が増加した要因について検討した。東山 3 丁目は金沢市内で簡易宿所がもっとも多い地域で 11 軒ある（2019 年 5 月 31 日時点）。地域内の簡易宿所の中で、町家ゲストハウスは 8 軒あり、町家ゲストハウスの中で一棟貸しのタイプは 6 軒あった[12]。一棟貸しとは、鍵を宿泊者に渡し、宿泊者だけで過ごす管理人不在の別荘貸し形式の宿泊施設である。2016 年の旅館業法の規制緩和により、フロントの設置義務が免除され[13]、このような一棟貸しのゲストハウスが増加している。

　東山 3 丁目に簡易宿所が多い理由は 4 点あると推察される。一つめは、活用できる物件の多さである。東山 3 丁目は、人口が 1980 年の 2,641 人から 2015 年には 1,418 人と減少している。その一方で老年化指数は 1980 年の 82.8 から 2010 年は 313.2 まで上昇した[14]。若い子育て世代が流入しないまま人口が減少し、空き家が増加している地域で家主が不在となり空き家となった物件が、簡易宿所として再利用されている[15]。図 3 で空き家の分布も合わせて示しているが、この地域における空き家率は概算で 18.1%[16] と、金沢市内全域の 14.8%[17] よりも高い数値である。

84

第 4 章 歴史的建造物の再利用と地域の変容

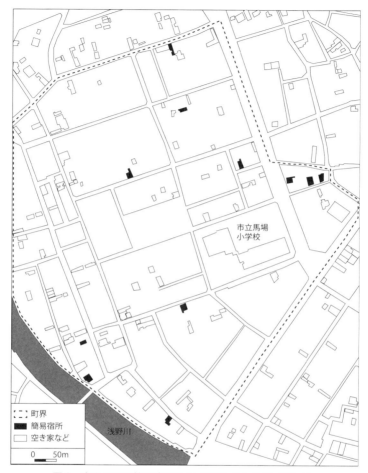

図 3　東山 3 丁目簡易宿所分布（2019 年 5 月 31 日時点）
金沢市（2019）「旅館業法に基づく許可施設一覧」と各簡易宿所のホームページにより作成．

　二つめは、城北大通りの南東側にあるひがし茶屋街の近接、すなわち観光地への近接である。京都市においても、観光地に近接している地域に簡易宿所が多く立地していた（池田 2018）が、金沢市においても、簡易宿所の立地に観光地の近接が確認できた。

　三つめは、交通の利便性である。金沢市内には、観光地を周遊するバスが 3

写真 1　金澤町家を改修した町家ゲストハウス
（2019 年 7 月 26 日筆者撮影）

ルートあり、その内の 2 ルートがひがし茶屋街を目的地として停車する。周遊バスは 15 分間隔で運行しているため、ひがし茶屋街に近接している東山 3 丁目の住宅地域は、交通の利便性にも長けている。

　四つめは、金澤町家の保全に向けた施策である。写真 1 は、金澤町家を再利用した一棟貸しのゲストハウスで、ゲストハウスの玄関口には、金澤町家のプレートが設置されていた。金沢市では、金澤町家再生活用事業として、2009 年から町家の改修に助成を行っている（表 2）。助成による補助金は、店舗活用の場合、外部修復工事、内部改修工事などに対し、上限を 250 万円として 50％の補助が出されている。その後、2013 年 4 月に「金澤町家の保全及び活用の推進に関する条例」が施行され、2015 年 2 月には、金澤町家再生活用事業を利用して改修した町家 73 軒に「金澤町家」としてプレートを配布している[18]。

　この助成の背景として、町家の減少がある。金沢市では金澤町家の減少が

表 2　金沢市町家再生活用事業補助金額

項目	補助率	限度額	備考
店舗等以外の町屋の外部修復工事及び内部改修工事、内装改修工事	50%	150 万円	但し、屋根の改修工事は 50 万円、内部改修工事、内装改修工事は合計して 50 万円
店舗等以外の町屋の外部修復工事、内部改修工事、内装改修工事、設備機器整備	50%	250 万円	但し、屋根の改修工事は 50 万円、内部改修工事、内装改修工事及び設備機器整備は合計して 150 万円
町家の耐震性能診断	事業に要する費用の 3/4 以内	30 万円	—
町家の防災構造補強設計	事業に要する費用の 2/3 以内	20 万円	—
町家の防災構造整備	50%	250 万円	—

金沢市（2021）『金澤町家再生活用事業』により作成．

第 4 章　歴史的建造物の再利用と地域の変容

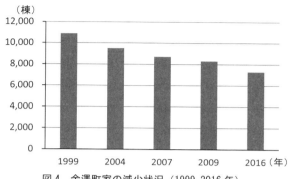

図 4　金澤町家の減少状況 (1999-2016 年)
金沢市 (2017)「金沢市歴史的風致維持向上計画」により作成

続き、1999 年に 1 万 900 棟あった金澤町家は、2016 年には 7,300 棟まで減少した (図 4)。1999 年から 2009 年の間では、年に約 260 棟ずつ減少したことになる。2009 年から 2016 年の間では年に約 140 棟と減少幅は小さくなったが[19]、これを食い止める手立てとして、金澤町家再生活用事業を利用して改修した町家 73 軒を「金澤町家」として認定した。このような助成を受け、金澤町家を再利用した町家ゲストハウスが増加していた。

(3) 観光客向けの商業施設の増加

ひがし茶屋街のある東山ひがし重要伝統的建造物群保存地区 (以下、伝建地区) では、観光客向けの小売店や飲食店が増加している。1993 年から 2019 年の変化について土地利用図を作成し、検討した (図 5 ～ 7)。伝建地区内は、1993 年時点で 88 軒 (66.6%) が一般住宅であったが (図 5)、2005 年時点で一般住宅が 66 軒 (50.0%) に減少し (図 6)、2019 年では 41 軒 (31.1%) まで減少した (図 7)。その一方で、商業施設は 1993 年の 31 軒 (23.9%) から (図 5)、2005 年は 54 軒 (40.9%) と増加し (図 6)、2019 年には 75 軒 (56.8%) まで増加した (図 7)[20]。商業施設は、1993 年時点では東山ひがし茶屋街に面した部分を中心に分布していたが、2005 年には商業施設の開業が南北に広がり、2019 年にはさらに伝建地区内全体への広がりが確認できた。

また、2019 年時点においては、商業施設は 75 軒で、その内、2005 年以降に

第 2 部　歴史的建造物の再利用と地域の変容

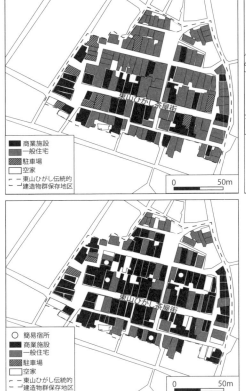

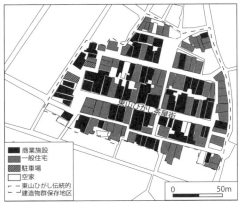

← 図 5　東山ひがし重要伝統的建造物群保存地区の土地利用図（1993 年）
ゼンリン地図（1993 年）により作成.

↑ 図 6　東山ひがし重要伝統的建造物群保存地区の土地利用図（2005 年）
ゼンリン地図（2005 年）により作成.

← 図 7　東山ひがし重要伝統的建造物群保存地区の土地利用図（2019 年 9 月 2 日時点）
ゼンリン地図（2019 年）と現地調査により作成.

新たに開業したのは 48 軒であった。2005 年時点と比較すると 33 軒が元一般住宅で、15 軒が元商業施設であった。元一般住宅では、独居暮らしの世帯主が亡くなった後、商業施設へ転用された事例が 3 軒あった[21]。商業施設全体では、45 軒が飲食店（57.0％）、27 軒は小売店（34.1％）である[22]。簡易宿所は、伝建地区の 4 軒を含め、東山 1 丁目全体で 7 軒開業し、この地域においても宿泊施設の需要の高まりが確認できた。

　このように、伝建地区では観光客向けの商業施設が増加しているが、2003 年に制定された「東山ひがし地区まちづくり協定」により、小売店での販売品目は規定されている。同協定においては、「住み良いまちづくりを推進するた

第 4 章　歴史的建造物の再利用と地域の変容

めに必要な事項として、物品販売店舗（日用品の販売を目的とする店舗等を除く）では、主に伝統的工芸品等、専ら金沢にゆかりのある物品を販売するものとする」、と規定している。そのため、伝建地区内の小売店では、九谷焼や山中漆器、輪島塗など石川県の郷土品を販売するセレクトショップが 8 軒、金沢の伝統的な食料品（和菓子や麩など）を販売している店が 4 軒、金箔をあしらった商品を扱っている店が 4 軒と伝統的工芸品や金沢市ならびに北陸にゆかりのある物が販売されている。このように小売店の販売品目が規定されている一方で、飲食店の規制はなく、フレンチ、鉄板焼き、うどん店など多岐に渡っているが、和洋のカフェが 5 軒とカフェが集積し、これらのカフェを多くの女性客が利用していた[23]。

(4) 景観保全と茶屋街の風情の継承

　ひがし茶屋街を特徴付けるのは、茶屋建築の歴史的建造物である（写真 2）。茶屋建築は、2 階の階高を高くし、正面は座敷、その外側に張出しの縁側を設け、凝った意匠の勾欄がある。1 階正面、店の間の表はベンガラ塗りの出格子で、キムシコと呼ばれる木格子が付く。キムシコの古い形式は、密に打たれた竪桟の断面の外側を広い台形とし、外から内が見えにくく、内からは外が良く見通せる。2 階の縁先には雨戸が設けられ、雨戸の最上部は紙張りの板戸で、正面両脇に収納するための戸袋を備えるなど、固有の特徴を有する[24]。

　こういった建造物を保存するために伝建地区内の建造物には、補助金が交付され（表 3）、修景が施されている。外観や屋根及び構造耐力上主要な部分の修理工事として、伝統的建造物には 1500 万円（補助率 80％）、一般建造物には 700 万円（補助率 70％）の補助金が交付される。

　こうして修景が施された茶屋建築などは、観光客向けの小

写真 2　ひがし茶屋街
（2019 年 9 月 2 日筆者撮影）

89

第 2 部　歴史的建造物の再利用と地域の変容

表 3　金沢市伝統的建造物群保存地区への補助金

区分	対象事業	補助率	限度額
伝統的建造物	外観、屋根及び構造耐力上主要な部分の修理工事（老朽電気配線の更新含む）	80%	1500 万円
	構造耐力上主要な部分の補強工事	90%	500 万円
	格子の修理工事	90%	－
	病虫害（白アリ等）の防除工事	80%	50 万円
	防災設備の整備	90%	－
一般建造物	外観及び屋根の修景工事	70%	700 万円
	格子の修景工事	90%	－
	病虫害（白アリ等）の防除工事	80%	50 万円
	防災設備の整備	90%	－

金沢市伝統的建造物群保存地区保存整備事業費補助金交付要綱により作成．

写真 3　ひがし茶屋街のカフェ
（2019 年 9 月 2 日筆者撮影）

売店や飲食店、宿泊施設へと再利用されていた。その結果、外観は茶屋建築であるが、内装はセルフサービスのカウンターが設置されたカフェ（写真 3）や、2 階の床が全て取り払われ吹き抜けになった土産物店など、従前の面影がない店舗もある。外観や屋根が助成金により補修され、歴史的景観は保全されているが、茶屋の風情ある落ち着いた空間が、観光客向けの商業空間へと変容していた。

4．地域に及ぼす影響

(1) 簡易宿所による地域への影響

　東山 3 丁目にある簡易宿所の近隣の住民に、住宅地に簡易宿所が出来た影響について話を聞いた[25]。住民からは、「空き家となり不審者がたまるよりも、宿の方がいい」、「空き家が増えているので、空き家だった家に明かりがついて

いるだけで嬉しい」、「この間は、宿に泊まりに来たスペインの人と話をしたけれど、楽しかった。」と簡易宿所に対して、好意的な意見であった。京都市においては、町家ゲストハウスの増加により、地域住民は騒音やごみの問題などに悩まされていた（池田 2018）が、東山 3 丁目においては対照的な住民の声であった。

　その一方で、金沢市内の急激な簡易宿所の増加に対し、金沢市も 2019 年 7 月 26 日に「庁内プロジェクトチーム」を発足した。このプロジェクトチームは、管理者不在の簡易宿所の増加に伴い、地域住民からの騒音やゴミ出しに関する不安の声をもとに結成されたが、プロジェクトチームの検討においては、「開業前には住民から不安の声が寄せられるが、開業後については苦情が出ていない」という見解であった[26]。

　このような見解を示していたが、2019 年度の 3 月定例月議会に「金沢市旅館業法施行条例の改正案」が上程され、2020 年 7 月 1 日から施行されることになった。改正案の基本理念の一つとして、地域の生活環境への配慮がある。施設内や近隣に管理者が常駐していない簡易宿所の増加に対し、騒音やゴミ出しのトラブルを懸念する周辺住民からの声に対応した改正である[27]。

　具体的には、玄関帳場（宿泊者の受付場所）の設置、1 棟貸しの簡易宿所で施設内に玄関帳場を設置できない場合には施設外での帳場の設置、施設外に設置する場合は、概ね 10 分以内で宿泊施設に到着できる場所への設置など、簡易宿所の事業者にとって新たな対応や運営費が掛かる要件が定められた。

　また、まちづくり協定[28]において、簡易宿所の開業を規定している地区は金沢市内 41 地区の内、11 地区に及び、さらに検討を始めている地区が増えている（2020 年 2 月 3 日時点）[29]。例えば、長町景観地区では、建築物を簡易宿所や住宅宿泊事業法に基づく事業に供してはならないと定め、良好な居住環境を損なわないと協議会が認めた場合のみ、開業が可能であると定めた。このように簡易宿所に関しては、住民からは好意的に受け入れられている側面がありながらも、設置を望まない地区が増えている。

第 2 部　歴史的建造物の再利用と地域の変容

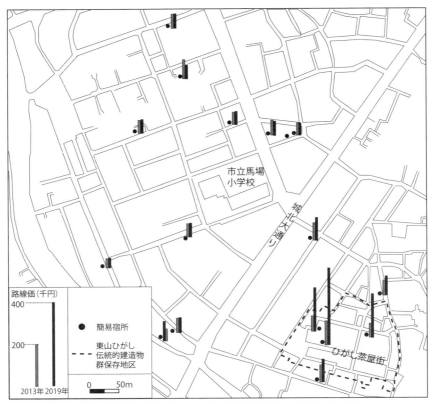

図 8　東山 1 丁目と東山 3 丁目の路線価の変化（2013-2019 年）
国税庁「路線価」により作成

（2）観光需要の拡大と路線価の上昇

　観光客向けの小売店や飲食店、簡易宿所の増加による地域に及ぼす影響として、路線価を確認した。北陸新幹線開業前の 2013 年と開業後の 2019 年の路線価を確認したところ、簡易宿所が増加している一般住宅地の東山 3 丁目においては、路線価の変化は見られなかった。一方で、伝建地区内では、路線価の上昇が見られた。ひがし茶屋街に面した通りでは、2013 年から 2019 年までに、路線価が 213％上昇した地点があった（図 8）。この違いは、東山 3 丁目は空き家の多い地域で、空き家が簡易宿所へと再利用されたため路線価への影響がな

く、一方で東山1丁目は、ひがし茶屋街を中心に土産物店や飲食店の需要が増加したため、路線価が上昇したと推察される。

5. 景観保全と観光振興

　本章では、観光需要の拡大に伴う地域の変容とその影響について検討した。地域の変容の一つめは、簡易宿所の増加である。簡易宿所は、観光地に近接し、交通の利便性の高い地域に多く分布していた。また、簡易宿所が増加する要因として、空き家の活用ならびに行政による金澤町家の保全の施策がみられた。金澤町家が減少している中、簡易宿所への再利用は、金沢町家の保全の方策になっていた。

　地域の変容の二つめは、ひがし茶屋街における観光関連施設の増加である。茶屋建築の建造物が、観光客向けの土産物店や飲食店、簡易宿所へと変容している状況が確認された。これらの商業施設は、住居用に使用されていた住宅が新たな居住者を迎えることなく、商業施設へと再利用され、商業施設から新たな商業施設へと転用されていた。また、小売店については、まちづくり条例により、販売品目を伝統的工芸品など金沢にゆかりのある物品に規定されていたが、飲食店においてはそのような規定がなく、若い女性が好むような店が増えて、観光地化が進行していた。

　地域に及ぼす影響として、一つめは簡易宿所の増加に対する住民の不安がある。地域住民による宿泊客の騒音やゴミ出しに関する不安の声に対応し、行政は玄関帳場の設置の義務づけや外部に設置した場合の要件の規定など強化策を講じた。住民側の対応としては、まちづくり協定に基づき、簡易宿所の開業を認めない地区の増加が見られた。

　地域に及ぼす影響の二つめとして、観光関連施設の増加により、東山ひがし重要伝統的建造物群保存地区内の路線価の大幅な上昇が確認できた。一方で、伝建地区に近接した住宅地において、簡易宿所の増加が見られたが、簡易宿所の増加に伴う路線価の上昇はなかった。

　新たな課題として、地域における景観保全の問題があげられる。後藤（2007）

第 2 部　歴史的建造物の再利用と地域の変容

は、歴史遺産を活かした景観まちづくりとして、公的インセンティブが民間投資の拡大をもたらし、それが歴史遺産の維持や管理の強化となり、景観イメージの向上につながることを示している。金沢市においても、伝建地区内の建造物や金澤町家に対して補助金が支給され、修景が施されながら観光関連施設として再利用されることにより、景観は保全されている。このように、歴史を継承した景観は保たれているが、東山ひがし重要伝統的建造物群保存地区において、景観を形成している施設の利用は、観光客向けの商業施設へと偏重していた。そして、補助金で規定されているのは、あくまでも外観に関わる事項であり、内部の仕様については規定されていないため、茶屋建築の外観を残しながらも、内部は茶屋建築の様式が継承されずに再利用されていた。

　このように、観光客が好むような土産物店や飲食店が増加し、片桐（2000）が示していた書き割りのような町並みや茶屋建築の観光関連施設としての再利用によるテーマパーク化が進行している。その結果、観光客数の増加に伴い喧噪が増し、東山ひがし重要伝統的建造物群保存地区内の落ち着いた雰囲気が損なわれていた。

　地域の魅力は、景観だけに依拠できるものではない。景観の保全とともに、地域の歴史や文化を踏まえた空間の特徴を継承する方法の検討が必要であり、今後も、歴史的建造物については、観光需要の拡大に伴う利用の増加が見込まれる中、そのあり方について検討が望まれる。

注
1) ブリタニカ国際大百科事典 小項目事典の解説によると、「書き割り」とは、大道具の一つで歌舞伎の背景を指すが、現在では他の演劇や映画でも使用されている。いくつかに割れて、持ち運びができるところからこの名称ができた。
　 https://kotobank.jp/word/ 書割 -162199（2019 年 11 月 30 日最終閲覧）
2) 茶屋建築の建物を利用した土産店や料理店、コーヒー店、ワインバー、工芸店など多様な店舗が並び、昼間、女性客や子ども連れの家族をはじめ大勢の観光客で賑わっている状況を示している。
3) 金沢市経済局営業戦略部観光政策課（2019）『金沢市観光調査結果報告書　平成 30 年（2018）』による。
4) 金沢市内には、重要伝統的建造物群保存地区が 4 地区あるが、ひがし茶屋街を含む東山

94

ひがし重要伝統的建造物群保存地区は 2001 年に選定された。

5) 金沢市都市政策局歴史文化部歴史建物整備課（2016）『金沢市の伝統的建造物群保存地区～茶屋町～』による。

6) 「角川日本地名大辞典」編纂委員会編（1981）『角川日本地名大辞典 17 石川県』角川書店、による。

7) ここでの観光客数は、兼六園、金沢城公園、金沢 21 世紀美術館など主要観光施設 19 カ所の累計数字である。

8) 金沢市経済局営業戦略部観光政策課（2019）『金沢市観光調査結果報告書　平成 30 年（2018）』による。
   https://www4.city.kanazawa.lg.jp/data/open/cnt/3/14897/1/kankou-chousa2018-syuusei.pdf?20191029132748（2019 年 9 月 1 日最終閲覧）

9) 金沢市（2019）「旅館業法に基づく許可施設一覧」より集計。
   https://www4.city.kanazawa.lg.jp/23820/kankyou/ryokanminpaku.html（2019 年 11 月 7 日最終閲覧）

10) 厚生労働省「旅館業法の概要」による。
   https://www.mhlw.go.jp/bunya/kenkou/seikatsu-eisei04/03.htm（2019 年 2 月 23 日最終閲覧）

11) ゲストハウスと称される施設は多岐にわたり、シェアハウスや宿泊施設、結婚式場、大学の宿舎などがある（石川 2014b）。このうち、宿泊施設としてのゲストハウスが簡易宿所に含まれる。

12) 各簡易宿所のホームページならびに現地調査（2019 年 7 月 26 日実施）による

13) 厚生労働省大臣官房生活衛生・食品安全審議官　2017 年 12 月 15 日通達文書「簡易宿所営業における玄関帳場等の設置について」による。
   https://www.mhlw.go.jp/file/06-Seisakujouhou-11130500-Shokuhinanzenbu/0000188499.pdf（2019 年 11 月 9 日最終閲覧）

14) 国勢調査（1980 年、2010 年、2015 年）による。

15) 東山 3 丁目内の簡易宿所の近隣に居住する 70 代男性と 60 代女性からの聞取りによる（2019 年 7 月 26 日実施）。

16) ゼンリン（2019）『ゼンリン住宅地図　石川県金沢市 3〔北部〕201901』より集計。

17) 石川県県民文化局県民交流課 統計情報室人口労働グループ（2015）「平成 25 年住宅・土地統計調査の概要（石川県分抜粋）」による。
   https://toukei.pref.ishikawa.lg.jp/dl/3606/H25jyuutaku-gaiyou.pdf（2019 年 11 月 9 日最終閲覧）
   https://www4.city.kanazawa.lg.jp/data/open/cnt/3/12563/1/zenkeikakusyo.pdf?20190725110358（2019 年 11 月 23 日最終閲覧）

18) NPO 法人金澤町家研究会編（2015）『金澤町家－魅力と活用法－』による。

19) 金沢市（2017）『金沢市歴史的風致維持向上計画』による。

20) ゼンリン（1993）『ゼンリン住宅地図　石川県金沢市 3〔北部〕199301』とゼンリン（2005）『ゼンリン住宅地図　石川県金沢市 3〔北部〕200501』とゼンリン（2019）『ゼンリン住宅地図　石川県金沢市 3〔北部〕201901』と現地調査より集計。

第2部　歴史的建造物の再利用と地域の変容

21）ひがし茶屋街における各店舗からの聞取り調査による（2019年7月24日実施）。

22）ゼンリン（2005）『ゼンリン住宅地図 石川県金沢市3〔北部〕200501』とゼンリン（2019）『ゼンリン住宅地図　石川県金沢市3〔北部〕201901』と現地調査より集計。

23）現地調査（2019年9月2日実施）による。

24）金沢市（2018）『伝統環境保存条例制定50周年記念　金沢景観五十年のあゆみ』による。

25）前掲15）。

26）中日新聞「簡易宿所 あり方を検討 市PT住民不安払拭の初会合」2019年7月26日付による。
https://www.chunichi.co.jp/article/ishikawa/20190726/CK2019072602000253.html（2019年8月2日最終閲覧）

27）金沢市（2020）「市内宿泊施設営業者の皆様へ　旅館業条例・民泊条例等が改正されました」による。
https://www4.city.kanazawa.lg.jp/data/open/cnt/3/27183/6/ryokan.pdf?20200403203555（2020年4月7日最終閲覧）

28）まちづくり協定とは、金沢市における市民参加によるまちづくりの推進に関する条例で、金沢市では、地域にふさわしい市民主体のまちづくりを推進し、個性豊かで住み良い金沢の都市環境を形成していくことを目指し、2000年7月1日に「金沢市まちづくり条例」を制定した。金沢市内の41地区が、地区単位で条例を制定し、運用している。
https://www4.city.kanazawa.lg.jp/29001/matidukurijyourei/matidukurijyourei_2.html（2020年4月11日最終閲覧）

29）2020年2月3日開催「第7回地域政策研究センター公開研究会」における金沢市都市整備局都市計画課の職員の発言による。

第 5 章

インバウンド施策と商業施設の変化
－兵庫県城崎温泉－

1. インバウンド施策による地域の再生

　本章では、観光需要の拡大による温泉地の変容について検討した。温泉地に併設するスキー場での地域の変容については、白馬村（小室 2014）、野沢温泉（白坂 1986、名倉ほか 2017）やニセコ（Kureha 2014、呉羽 2018）で、宿泊施設の変化や外国籍の事業主による経営などについて報告されている。しかしながら、いずれも観光資源がスキー場と温泉施設であるため、観光資源が温泉地だけのものとは異なる。

　温泉地におけるインバウンドに関する研究に関しては、秋保温泉におけるインバウンド対策ならびに旅館の対応（半澤・鈴木 2020）、箱根湯本における外国人観光客の土産物の購買行動やそれに対応する商業施設に関するもの（有馬ほか 2014）など、訪日外国人旅行者への対応が主となっている[1]。本章では、インバウンド戦略により外国人宿泊客を急激に増加させた城崎温泉を対象に、外国人宿泊客が増加した背景や地域に及ぼす影響についてツーリズムジェントリフィケーションと景観の消費という観点で検討した。

　ツーリズムジェントリフィケーションとは、住宅が来訪者用の商業施設や宿泊施設に置き換わり、これらの需要により地価が上がり、低所得者層の立ち退きが生じる現象である（Gotham 2005）。また、Gotham（2005）や Cocola-Gant（2018）は、ツーリズムジェントリフィケーションを、観光都市化の過程において大規模なリゾート開発だけではなく、歴史的地区の住宅の観光施設への再

97

第2部　歴史的建造物の再利用と地域の変容

利用における事象として示している。藤塚（2020b）では、住宅のような非商業施設から商業施設や文化施設への置き換わりによる公示地価の上昇が報告されている。このように住宅などが観光客向けの商業施設や宿泊施設などに置き換わることにより、地価の高騰を引き起こし、中間階級や富裕層しか居住出来ない地域になると示されている（Cocola-Gant 2018）。そもそも観光客と中間階級や富裕層は都市を楽しむという観点では同一であり、区分が出来ない存在であるため、ツーリズムジェントリフィケーションにおいては、観光客は都市に居住する中間階級とみなされている（Cocola-Gant 2015）。

　従来、ジェントリフィケーションは、次第に富裕層のために都市空間が再編されていく事象（Hackworth 2002）として示されているが、ツーリズムジェントリフィケーションは、観光客を中心とした外部からの訪問者に向けた都市空間の再編といえる。

　日本国内におけるツーリズムジェントリフィケーションとしての報告は、池田（2020a）で、京都市六原元学区において、町家が中国や台湾の富裕層を顧客に持つ中国や台湾出身の不動産会社や東京のファンド会社によって購入され、町家ゲストハウスとして再利用されることにより、地価の高騰や周辺の商業施設の変容を誘引していることを実証した。また、旅行客による騒音や吸い殻の放置などにより、地域住民の暮らしが脅かされている状況を明らかにした。奥野（2020）では、奈良市ならまちにおいて、古くからの店舗や住宅が来訪者向けの店舗に置き換わり、路線価が上昇していることが報告されている。このように日本国内において、ツーリズムジェントリフィケーションの実証的研究は始まっているが、まだその蓄積は充分ではない。

　そして、このような観光需要の高まりと共に生じているのが、景観の消費である。阿部（2021）は、観光客へのイメージ戦略としての「その場所らしさ」の演出は、歴史的市街地の表層をなぞらえただけの景観を促進するだけでなく、そこでの活動そのものを観光客志向に変化させてしまう「景観の消費」と示した。「景観の消費」に関しては、池田（2020b）でも、同様の事例を報告している。金沢市では、東山ひがし重要伝統的建造物群保存地区の建造物や金澤町家に対して補助金により修景が施され、景観が保全されている。景観は保全され

ているが、景観を形成している施設の利用は、観光客向けの商業施設へと偏重していた。そして、補助金で規定されているのは、あくまでも外観に関わる事項であり、内部の仕様については規定されていないため、茶屋建築の外観を残しながらも、内部は茶屋建築の様式が継承されずにカフェや土産物店として再利用されている。このように観光客が好むような土産物店や飲食店の増加など、和のテーマパーク化が進行している。

　本章では、城崎温泉内の商業施設の営業種別の変化とその要因、路線価の変化などで地域に及ぼす影響を検証し、景観の消費の観点からは、商業施設の利用方法ならびに行政の施策について報告する。

　城崎温泉における先行研究としては、観光まちづくりを生み出したリーダー集団の人間関係に言及したもの（岩間 2017）、観光地における地域活性化の取り組みと地域コミュニティの関係について分析したもの（桜井 2020）がある。また、観光地における集客の動向を検証するものとして、小規模旅館の集積による経営動向を考察したもの（浦 2009）、「かに王国」のネーミングを用いた観光振興の実態など（白石 1989）が報告されているが、インバウンド施策ならびに訪日外国人旅行者の増加に伴う地域の変容については、まだ検証されていない。

2. 城崎温泉における訪日外国人旅行者の増加

（1）兵庫県豊岡市城崎温泉の概要

　城崎温泉は、兵庫県の北東部に位置する豊岡市城崎町にある温泉街で、円山川の支流の大谿川沿いには柳と桜の並木が続き、木造 3 階建ての旅館が軒を連ねている。温泉宿は 7 つの外湯を中心に形成され（図 1）、2020 年に開湯 1300年を迎えた。城崎温泉の年間入浴客数は、1911 年から 1920 年の 10 年間では平均 103 万 237 人で、全国で 2 番目に多い入浴客数であった（関戸 2007）。

　このように多くの入浴客数を迎えていたが、1925 年 5 月 23 日発災した北但大震災はマグニチュード 6.8 に及び、多くの家屋が倒壊した。続いて大火災が発生したことにより、外湯をはじめ城崎温泉一帯の家屋が消失した。復興に向

99

第 2 部　歴史的建造物の再利用と地域の変容

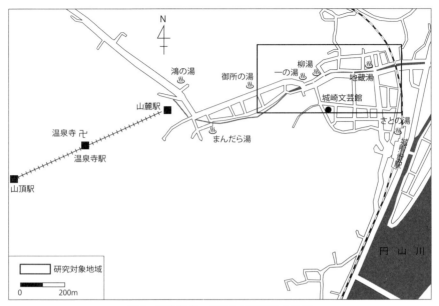

図 1　城崎温泉の位置と城崎温泉全体図
筆者作成.

けて、町民大会で検討した結果、「元の位置に元の 6 つの外湯を建てることから再建し、それを温泉街の中心にする」という考えが打ち出された[2]。

　温泉街は温泉浴場（外湯）の復旧を第一に進められ、1926 年から 1932 年に 6 か所の浴場が設置された。その後、土地区画整理にあわせて外湯を中心とした旅館や商店が連なる街並みなど、城崎温泉の骨格が 1935 年に完成した[3]。城崎温泉のある旧城崎郡城崎町は、2005 年の平成の大合併により豊岡市、竹野町、但東町、日高町、出石町と合併し、現在は豊岡市に属する。国勢調査によると、城崎温泉の人口は 1965 年の 6,262 人をピークに 2015 年は 3,519 人まで減少し、老年化指数も 2015 年には 370.9 まで上昇した過疎地域である。観光地としては、近畿圏からの交通の利便性が高く、高速乗合バスで大阪市からは 3 時間 30 分、神戸市からは 3 時間 10 分で訪問することができる。特急であれば、大阪駅から 2 時間 30 分、三ノ宮駅からは 2 時間 40 分で移動できる距離にある。

100

（2）宿泊客数の変化と訪日外国人旅行者の増加

城崎温泉の宿泊客数は、1991年の92万人[4]をピークに2010年には49.5万人まで減少し、観光施策により2015年には64.4万人まで回復したが、2019年度は60.5万人[5]に減少した（図2）。緩やかに減少しながらも、大幅な減少を回避できているのが訪日外国人旅行者によるものである。城崎温泉では、城崎地域過疎戦略プロジェクト事業において、外国人宿泊客を増やすためにインバウンド施策を実施した。その結果、インバウンドによる宿泊客数は1,118人（2011年）から5万783人（2019年）と45.4倍になった（図3）。2019年の外国人宿

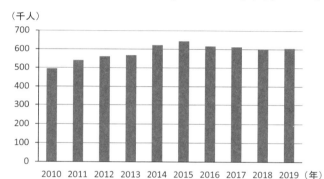

図2　城崎温泉宿泊客数（2010-2019年）
豊岡市大交流課資料により作成.

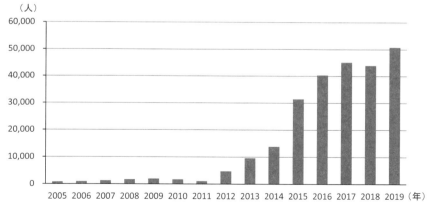

図3　城崎温泉訪日外国人宿泊客数（2010-2019年）
豊岡市大交流課資料により作成.

第2部　歴史的建造物の再利用と地域の変容

表1　訪日外国人旅行者の国・地域別割合（2017年）

国・地域名	観光客数	割合（%）
中国	8,132	16.8
香港	6,031	12.5
台湾	8,132	16.8
タイ	5,075	10.5
アメリカ	4,560	9.4
フランス	2,811	5.8
オーストラリア	2,004	4.1
シンガポール	2,005	4.1
イギリス	1,346	2.8
その他	8,307	17.2
合計	48,403	100.0

豊岡市大交流課（2018）「平成29年豊岡市の外国人延べ宿泊者数の状況」により作成.

表2　訪問のきっかけに関する回答

情報源	割合（%）
Visit Kinosaki	23.0
親族・友人（海外）	21.0
口コミサイト	19.8
ロンリープラネット	12.0
観光協会サイト	11.4
SNS	10.0
観光協会サイト	9.0
ホテルサイト	8.0
個人ブログ	8.0
親族・友人（日本）	7.0
旅行会社サイト	6.0
JNTOサイト	3.0
動画サイト	3.0
旅行雑誌	3.0
TV	2.0
特になし	2.0
新聞	1.0
観光見本市	1.0
ミシュラングリーンガイド	1.0

N＝1,031（複数回答あり）
豊岡観光イノベーション（2019）「来訪者アンケート（国内・インバウンド）2018年4月〜2019年3月　速報集計」により作成.

泊客の全体に占める割合は8.3％程であるが、COVID-19の影響を受けるまでは、さらに外国人宿泊客数が増加すると見込まれていた。

　訪日外国人旅行者を国・地域別で見ると、中国、香港、台湾、タイが68％を占めるが（表1）、城崎温泉では、アメリカ、フランス、オーストラリア、イギリスを対象にインバウンド戦略を実施している。城崎温泉には中小規模の旅館が多く、団体客の受け入れが可能な大規模旅館は少ない。そのため、個人旅行のシェアが高い欧米豪の個人客を対象に広報戦略を進めてきた[6]。

　城崎温泉に訪日外国人旅行者が訪れるようになったのは、2008年に『ロンリープラネット（*Lonely Planet Japan*）』に掲載され、2013年に『ミシュラン・グリーンガイド・ジャポン（*Michelin Green Guide Japon*）』に二つ星として紹介されたことがきっかけとされている[7]。『ミシュラン・グリーンガイド・ジャポン』は、2009年にミシュランが発行した旅行ガイドで、日本全国の観光地などの魅力を三つ星、二つ星、一つ星で評価した外国人観光客向けのガイドブックで、フランス語版、英語版の2種類がある。日本国内の温泉地としては城崎温泉

だけが選定された。

　その後、訪日外国人旅行者による SNS などで口コミが拡散して、その家族、友人、知人が訪問するようになった。豊岡市による訪日外国人へのアンケート調査（表 2）でも、城崎温泉に訪問したきっかけとして、友人や家族 による口コミ（2 位）、ウェブサイトのレビュー評価（3 位）、SNS（6 位）などが示されていた [8]。実際に城崎温泉では、インスタグラムに「#kinosakionsen」とハッシュタグがつけられた男女 2 人が浴衣を着た姿が投稿され、それを見た人々から多くの「いいね」が寄せられ [9]、城崎温泉を海外の人々に知ってもらうきっかけになっていた。

（3）過疎地域戦略プロジェクト

　城崎温泉に訪日外国人旅行者が多く訪れるようになったのは、先述のような情報誌の掲載以外に城崎温泉における各種団体の取組みにもよる。2010 年 4 月の過疎地域自立促進特別措置法の改正を契機に、城崎温泉では 2011 年から「過疎地域戦略プロジェクト」を発足し、城崎温泉地域のインバウンド対策事業が実施されてきた。表 3 は、「城崎温泉インバウンド対策事業」の内容と予算、事業主体をまとめたものである。城崎温泉過疎戦略プロジェクトにおいては、豊岡市商工会城崎支所、城崎このさき 100 年会議などさまざまな団体が関与していた。

　事業費は、2011 年〜 2015 年で 4271.2 万円 [10] に及び、主な取組みとして、①宿泊予約サイト「Visit Kinosaki（以下、VK）」の運営、②観光案内看板の製作と設置、③外国人向けガイドブックの作成、④英語で対応できるインフォメーションセンターの運営などがある。宿泊予約サイト「Visit Kinosaki（VK）」は、先述の外国人が城崎温泉を訪れた要因の 1 位を占めるなど、訪日外国人旅行者数の増加に寄与している。

　また、2016 年には、観光地域づくり法人（DMO ＝ Destination Management/ Marketing Organization）として一般社団法人豊岡観光イノベーション（TTI ＝ Toyooka Tourism Innovation）が発足した。TTI は、観光による地域経済の活性化を進めるために設置された専門機関である。行政と民間企業が協働して運営し、理事や職員は豊岡市、全但バス株式会社、WILLER 株式会社、株式会社

第2部　歴史的建造物の再利用と地域の変容

表3　城崎温泉インバウンド対策事業（2011-2015 年）

事業名称	内容	事業主体	事業費（千円）	実施期間
外国版「旅館予約」システム構築整備事業	システム開発、翻訳、デザイン、外国人向けプロモーション	城崎温泉旅館協同組合	8,500	2011 ～ 2012 年
もてなし対応人材育成事業	外国語・接遇研修、接遇マニュアル作成	城崎温泉観光協会	1,400	2011 年
観光案内看板設置事業	看板製作、36 カ所設置	豊岡市商工会城崎支所	5,000	2011 年
外国人向け（英語版）観光ガイドブック等作成事業	デザイン、編集、印刷製本等	城崎このさき100 年会議	7,170	2013 ～ 2015 年
フロント用ディスプレイ端末設置事業	情報表示ソフトウェア開発、ビジュアル端末購入	城崎このさき100 年会議	3,986	2012 ～ 2013 年
インフォメーションセンター設置事業	英会話可能な事務員常駐のインフォメーションセンターの設置、案内機能の充実	城崎温泉旅館協同組合／城崎温泉観光協会	14,536	2012 ～ 2014 年
音声ガイダンス整備事業	ガイダンス内容の充実・追加、新規設備導入、保守管理	城崎このさき100 年会議	2,120	2012 ～ 2014 年
		事業費合計	42,712	

豊岡市城崎振興局地域振興課（2015）「過疎地域戦略プロジェクト事業計画書」により作成.

表4　城崎温泉環境関連整備事業（2010-2015 年）

事業名	内容	事業主体	事業費（千円）	実施期間
湯めぐり巡回バス整備事業	車両購入、バス停整備、運行	城崎温泉旅館協同組合	30,229	2011 ～ 2015 年
柳並木ライトアップ事業	ライトアップ工事	豊岡市商工会城崎支所	18,000	2012 年
レンタサイクル事業	各種自転車購入、保管場所整備	城崎温泉旅館協同組合／城崎温泉観光協会	6,000	2011 ～ 2012 年
ゆかたクレジット事業	外湯兼デジタル化等	城崎このさき 100 年会議	4,395	2010 年
城崎温泉地区無電柱化事業	無電柱化　L=660m	豊岡市	377,310	2011 ～ 2015 年
		事業費合計	435,934	

豊岡市城崎振興局地域振興課（2015）「過疎地域戦略プロジェクト事業計画書」により作成.

104

但馬銀行、但馬信用金庫などからの出向者で構成されている。事業内容としては、主に旅行商品の販売や海外への営業、VK 利用者の分析、来訪者の定量・定性調査を行っている[11]。先述の訪日外国人へのアンケート調査も TTI によるものである。

そして、城崎地域過疎戦略プロジェクトでは、インバウンド対策事業以外に環境整備関連事業（表 4）として、湯めぐり巡回バス整備事業や柳並木ライトアップ事業（写真 1）が行われ、その他にもイベント関連事業、城崎温泉活性化整備事業が実施されるなど、2010 年から 2015 年の間に 4 億 3593 万円の事業費が投入され、城崎温泉の魅力を高めてきた。

写真 1　柳並木ライトアップ事業
（2021 年 2 月 6 日筆者撮影）

3. ツーリズムジェントリフィケーション

(1) 商業集積の変化と継業

図 4 は城崎温泉中心部における 2005 年と 2020 年を比較した商業施設の変化である。旅館が 10 軒廃業し、その内の 5 軒が観光客向けの商業施設に置き換わった（写真 2）。また、地域住民向けの 14 軒の店舗が観光客向けの店舗へと変わるなど、観光需要の高まりに伴い商業施設の業種が変化していた。

城崎温泉の宿泊施設は、2000 年の 115 軒をピークに減少し、2001 年から 2021 年の間で廃業した宿泊施設は 44 軒で、2011 年から 2021 年の間に新たに開業した宿泊施設は 13 軒であった[12]。旅館の廃業は、主に後継者がいないことに起因する。後継者がいないため廃業する旅館もあれば、廃業後に新たに簡易宿所として事業を継続した事例もある。

女性宿泊者専用のゲストハウス「城崎若代」は、父が旅館業を営み 2016 年に廃業した物件を姉妹 2 人が継承し、リノベーションして 2018 年 4 月 1 日に開業した宿泊施設である。開業にあたり、地元団体等が出資して観光地活性化の

第 2 部　歴史的建造物の再利用と地域の変容

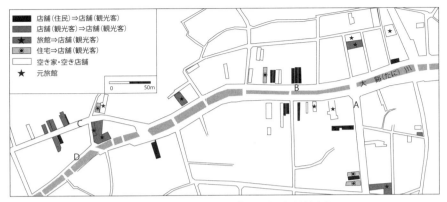

図 4　城崎温泉営業種別の変化（2005-2020 年）
変化した部分のみを表記．ゼンリン地図ならびに現地調査より作成．

写真 2　土産物店とカフェに転用された旅館　　写真 3　豊岡鞄販売店のメーカーとセレクトショップ
　　　　（2021 年 2 月 6 日筆者撮影）　　　　　　　　　　　（2021 年 2 月 6 日筆者撮影）

取組みを進めている民間まちづくり会社の㈱湯のまち城崎が手掛ける「まちぐるみゲストハウス事業」の支援を受けた。「まちぐるみゲストハウス事業」とは、城崎温泉の情緒と景観を守り、国際観光地としての宿泊形態の多様化を進めるために、木造建築物をゲストハウス等に転用して再生する事業である[13]。

　このように事業を継承する形で景観が保全されることもあるが、城崎温泉の中心部では、商業集積の変化により地域の文脈とは異なる景観へと変化している。商業集積の変化の一つめは、「豊岡鞄」の販売店の集積である。豊岡は鞄の産地として、産地問屋、メーカー、材料商を 3 つの柱としながら、これらを

106

取り巻く下請け加工業者及び外注内職群による社会的分業体制をとって成長してきた（塚田 1995）。その後、競争力強化のために地域団体商標登録制度を活用し、2006 年 11 月 10 日に特許庁にて「豊岡鞄」が認定された（井上 2014b）。豊岡産の鞄の中でも、兵庫県鞄工業組合により認定された企業により生産され、審査に合格した優良品が「豊岡鞄」として流通するようになった。「豊岡鞄」はデザイン、仕様、素材、部品、縫製などについて厳しい基準が設けられ、マニフェストの内容を遵守する企業にのみ製造が許されている[14]。この豊岡鞄のメーカーならびに販売店が城崎温泉に出店するようになった（写真 3）。

　豊岡駅前には、カバンストリートという名称で豊岡鞄の販売店が 13 軒集積しているが、鞄の購入を目的として訪問する観光客はそう多くはない。そこで、多くの観光客が訪れる城崎温泉で、販売量の増加と国内外の認知度向上に向けて、4 〜 5 年前から豊岡鞄の販売店が出店するようになった。豊岡鞄の販売店の店長によると中国からの観光客はまとめ買いをするので、たくさんの鞄が売れるが、ヨーロッパから来た観光客は、店内を眺めるだけで購入することは少なく、国によって豊岡鞄に対する購買欲が異なっていた[15]。

　商業集積の変化の二つめは、カフェの増加である。城崎温泉内の喫茶店やカフェは、2021 年 2 月末時点で 37 軒あり、その内の半数近い 17 軒（45.9%）が 2012 年以降の開業であった。2012 年以降に開業した店舗の開業経緯は、父親が小料理屋として営んでいた店舗を姉妹が喫茶店として改築したもの、シニアが定年退職後に開業したもの、旅館のサイドビジネスとして開業したものとさまざまであった。

　このようにカフェが多く開業して観光客の利便性は高まる一方で、カフェの増加は温泉街の風情とは異なる雰囲気を形成していた。城崎温泉街を訪れた観光客は、「なんだか今どきのお店が多いね。」と話しながら、ハンバーガー店やジェラートショップなどが連なる通りを歩いていた[16]。

　また、一の湯から御所の湯の間のメインストリートでは、従来の土産物店以外にソフトクリームやコロッケなどの専門店が集積し、和風の原宿ストリートの様相を呈していた。

107

第 2 部　歴史的建造物の再利用と地域の変容

（2）路線価の上昇

　地域に及ぼす影響の二つめは、路線価の変化である。城崎温泉の路線価は 1996 年をピークに下降していたが、2018 年以降、路線価が 9.0％〜 13.7％上昇した（図 5）。この路線価の上昇が、城崎温泉特有のものであるのかを確認するために、兵庫県内の温泉地の新温泉町と城崎温泉が属する豊岡市の駅前についても合わせて確認した。新温泉町では、2006 年から 2020 年の間に−50.6 〜−54.4％と路線価が下がっていた（図 6）。豊岡駅前では、2006 年から 2020 年

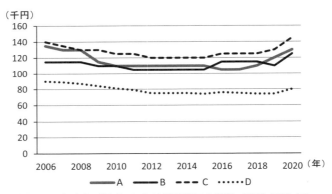

図 5　A 〜 D 地点（図 4）における路線価の推移（1991-2020 年）
　　　国税庁「路線価図」より作成.

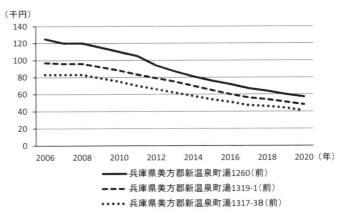

図 6　新温泉町の路線価の推移（2006-2020 年）
　　　国税庁「路線価図」より作成.

第 5 章　インバウンド施策と商業施設の変化

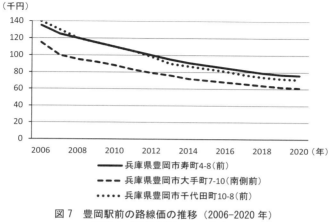

図7　豊岡駅前の路線価の推移（2006-2020年）
国税庁「路線価図」より作成．

の間に－46.9％～－50.0％路線価が下がっていた（図7）。このように城崎温泉の近隣では路線価が下がっている中、城崎温泉で路線価が上昇しているのは、観光需要に起因しているものと思われる。

　先述のように城崎温泉は1965年のピーク時から2015年には人口が43.8％減少し、老年化指数も370.9と高い過疎地域である。高齢化し、後継者のいない旅館や地域住民向けの店舗の廃業が続いているが、その一方で観光需要の高まりにより観光客向けの出店が続いたことで路線価が上昇したと推察される。

（3）ツーリズムジェントリフィケーションの兆候

　城崎温泉におけるツーリズムジェントリフィケーションの兆候については、次の3点をあげることができる。一つめは、観光客向けの店舗の増加である。城崎温泉そのものが観光地ではあるが、2005年から2020年の15年の間に地域住民向けの店舗の内14軒が観光客向けの店舗に置き換わっている。特にカフェの増加が顕著であり、城崎温泉の風情とは異なる空間が形成されている。都心部にあるようなハンバーガーやジェラート店などは地域の文脈とは異なり、20代の観光客が楽しむような和風の原宿ストリートへと変容していた。このような地域の変容は、地域固有の魅力を低減させる恐れがある。

109

二つめは、新規居住者の間接的な排除である。観光客向けのカフェや小売店に偏った商業集積は新規居住者の流入を妨げる。従来、城崎温泉では職住一体の形式で商いが行われてきたが、観光客向けの店舗の多くは、事業主に雇用された従業員が働くだけの場となるため、居住者が増えることはない。すなわち新規の居住者を間接的に排除しているといえる。このように近隣商店、生業、付加視の住民間ネットワークという「コモンズ」が、民泊や簡易宿所、観光系業務という「商品」に取って代わられるプロセスを阿部（2019）はオーバーツーリズムとして示している。ツーリズムジェントリフィケーションの観点では、近隣商店が観光関連の商業施設に置き換わるのを「商業の立ち退き」（Cocola-Gant 2018）としているが、城崎温泉でも「商業の立ち退き」が生じていた。

三つめは、路線価の上昇である。城崎温泉における 2018 年以降の路線価の上昇は、COVID-19 が終息し、インバウンドの需要が回復した場合に不動産価格の高騰を誘発する可能性がある。地域外の資本の流入を最小限にとどめるなど、エリアマネジメントによる対応が必要である。

4.　城崎温泉における景観保全

城崎温泉における観光資源は、7 つの外湯を中心に木造 3 階建ての旅館や商業施設が連担する景観である。先述のように 1925 年に発災した北但大震災からの復興を経て、1935 年に現在の城崎温泉につながる景観が形成された。城崎温泉では、1974 年に伝統的美観や情緒の保全を目的とした「城崎町環境保全基本条例」及び「市街地景観指導要綱」が制定され、西村（2020）でも、景観を守る条例を定めた時期としては、全国でも京都や金沢に並び非常に早い時期であったと示されている。

城崎温泉における景観の保全活動としては、1982 年に住民団体「城崎温泉の町並みを守る会」[17] が組織され、景観の保全活動が行われている。そして、1992 年 8 月に兵庫県景観の形成等に関する条例に基づき「豊岡市城崎町城崎温泉地区歴史的環境形成地区」に指定される。2005 年 12 月には、「城崎中心市街地活性化基本計画－城崎このさき 100 年計画－」が策定され、城崎まちづ

くり委員会や審議会を中心に住民自らが会議やワークショップなどを繰り返しながら、まちづくりの方針や具体的な取組内容、まちづくりを進める仕組みや体制などを構築してきた[18]。

　先述のゲストハウス城崎若代の再生も、景観保全対策の一つである。城崎温泉では、老舗旅館の経営者の高齢化や後継者不足により、廃業する旅館が増加し、風情ある町並みや景観が喪失していた。また、訪日外国人旅行者数の増加や旅行者の旅行スタイルの変化に合わせた宿泊施設の整備も必要であった。このような状況の中、廃業旅館や店舗をリノベーションにより再生することで、町並みや景観の維持を図りながら、泊食分離に対応した宿泊所や飲食店を増やすために、城崎まちづくりファンドが創設された。城崎まちづくりファンドは、但馬信用金庫と民都機構（一般財団法人民間都市開発推進機構）からそれぞれ3000万円出資を受けた機関であり、城崎まちづくりファンドから事業者に出資が行われている[19]。城崎温泉では、「城崎このさき100年会議」[20]やまちづくり会社などのエリアマネジメント活動と連携しながら、城崎まちづくりファンドによる城崎温泉街の風情ある景観の形成に繋がる「廃業旅館や遊休地を活用したリノベーション事業」を資金面からサポートする体制が整えられていた。

　また、景観保全対策として「豊岡市城崎温泉地区における歴史的建築物の保存及び活用に関する条例」が制定された。2017年3月29日に定められたこの条例は、建築法第3条第1項第3号の適用除外の規定を活用したものである。先述のように1925年に発災した北但馬地震からの復興施策が行われ、1935年に外湯を中心とした城崎温泉の原型が整備された。そのため、現存する多くの木造建築物は建築基準法が制定された1950年以前に建築されたものである。城崎の町並みを形成する木造3階建ての旅館などは、新たな用途変更や大規模修繕などによる現行の建築基準法への適合が求められることから、保存しながら使用することが困難となり、空き店舗になるか取り壊されて駐車場になるなど、城崎温泉の町並みの連続性が失われている[21]。

　このような状況を踏まえ、豊岡市では歴史的、文化的、景観的に価値のある建築物の保存活用を推進するとともに、保存活用にあたって建築基準法による各種規定の適合が困難である場合に、建築基準法第3条第1項第3号の適用除

第 2 部　歴史的建造物の再利用と地域の変容

表 5　安全性確保などに関する指針の主な内容

項目		例示されている具体的な措置
構造安全性の確保	耐震補強対策 劣化部分の改修対策	基礎の補強、上部構造の補強 1 階水回りの土台・栓の腐朽防止
火災安全性の確保	出火防止・火災拡大防止対策 避難安全性の確保 消防活動の確保	全館スプリンクラー設置 屋内・屋外二方向避難 消防への直接通報

豊岡市都市整備部都市整備課（2018）により作成.

表 6　城崎温泉における登録有形文化財

名称	個数	年代	対象
三木屋東館・三木屋西館	2 棟	昭和 2 （1927）年	○
ゆとうや旅館詠帰亭及び扶老亭ほか	5 棟 1 基	大正 15 （1926）年	○
大谿川橋梁群	5 基	昭和 元 （1926）年	
旧城崎郵便局	1 棟	昭和 2 （1927）年	
小林屋旅館	1 棟	昭和前期	○
西村屋本館大広間棟ほか	3 棟	昭和前期	○
新かめや本館	1 棟	昭和 34 （1959）年	○
温泉寺薬師堂	1 棟	江戸後期	
極楽寺本堂	1 棟	大正 10 （1921）年	
旧大和屋旅館	1 棟	昭和 2 （1927）年	○
蓮成寺本堂	1 棟	昭和 11 （1936）年	
本住寺本堂	1 棟	昭和 6 （1931）年	
城崎温泉ロープウェイ	3 棟	昭和 37 （1962）年	

豊岡市地域コミュニティ振興部文化振興課文化財室（2021）「豊岡市の指定等
文化財　国登録・県登録」により作成.

外の規定が活用できるように同条例が制定された。条例適用の際に作成が必要
な「保存活用計画」の安全性に関する基本的な考え方となる「認定歴史的建築
物の安全性確保等に関する指針」を定め、建築基準法の代替措置として安全性
確保の考え方が示された。指針の主な内容は表 5 になる[22]。また、建築物の
保存活用として補助金を活用することができ、設計費は上限を 200 万円として
2/3 以内、工事費は 1800 万円を上限として 1/2 以内の費用が助成されて、保全
に向けた支援を行っている。

　同条例は城崎温泉景観形成重点地区を対象地域とし、対象地域内には 2017
年時点で木造 3 階建て建築物が約 200 軒、そのうち旅館は約 60 軒が現存して

いたが、対象を登録有形文化財としたため、実際に保全の対象となる建築物は6軒のみとなった（表6）。対象建築物が少ないため、同条例が定められてから4年経過しているが、適用された建築物はなく、景観保全という目的は果たされていない[23]。表6に示している建築物以外にも「うめのや遊技場」が2017年に登録有形文化財として登録されていたが、経営していた高齢の女性が市外の親類宅へ転居した後に建物が売却され、2018年6月に解体された[24]。

5．景観保全と観光振興

　城崎温泉では、人口が減少し高齢化が進む中、過疎対策としてインバウンド施策が実施されていた。また、英語とフランス語による城崎温泉独自の宿泊予約サイトの運営や海外での広報活動など、城崎温泉の魅力を発信し、訪日外国人旅行者を増やしてきた。その結果、7つの外湯を中心に木造3階建ての旅館や店舗が連なる日本独自の景観が外国人旅行者の旅情を高め、訪問した人々がSNSへ投稿したり、帰国後に知人や友人に話すことで、さらなる訪日外国人旅行者を獲得してきた。

　訪日外国人旅行者の増加により平日の観光客が増加し、観光客向けの商業施設が増加した。特に、「豊岡鞄」の販売店やカフェといった中心市街地に見られるような小売店や飲食店が増加した。このような小売店や飲食店は廃業後の旅館や商店の再利用によるものが多く、城崎温泉の建造物を継承することで景観の保全に寄与していた。

　その一方で、城崎温泉独特の風情を損なうリスクが生じている。このように新たな店舗が開業する背景には継業の問題がある。旅館や店舗の後継者がいないために廃業した店舗が、新たな店舗に置き換わり、地域の文脈を継承しない空間へと変容している。

　また、廃業した旅館や店舗が建築物を取り壊して駐車場になると景観の連続性が喪失する。このような喪失を防ぐために、豊岡市は城崎温泉景観形成重点地区を対象に、景観保全を目的として「豊岡市城崎温泉地区における歴史的建造物の保存及び活用に関する条例」を2017年に制定したが、2021年時点で同

条例が適用された事例はなく、景観保全の目的は果たされていない。

その一方で、観光需要の高まりに伴い住民向けの店舗や旅館、空き家や空き店舗が観光客向けの店舗に置き換わっていた。従来、居住しながら商いが行われていた建造物が、居住者を伴わない（従業員などが通いで商いを行う）小売店やカフェなどの飲食店に置き変わることで、新規居住者の間接的な排除が生じていた。そして、観光客向けの店舗の需要の高まりによる路線価の上昇を確認した。これらは、ツーリズムジェントリフィケーションの兆候といえ、COVID-19 収束後にインバウンドの需要が戻った場合、外部資本が投入される可能性を秘めている。

日本をはじめ世界全域で 2020 年より猛威を振るった COVID-19 によりインバウンドの需要が消滅し、旅行業界は厳しい状況に直面した。直面しながらも、改めて観光の意味や地域における魅力を見直している地域もある。城崎温泉においても、インバウンド施策から国内の観光客に照準をあてた新たな観光サービスの提供など、今後も地域資源の保全ならびに活用についての検討が望まれる。

注

1) 有馬（2017）において、箱根で低価格帯のゲストハウスの進出について言及しているが、地域の変容に関する詳細な検討はなされていない。
2) 城崎町史編纂委員会（1988）『城崎町史』による。
3) 神戸新聞但馬総局編（2005）『改訂版 城崎物語』神戸新聞総合出版センターによる。
4) 豊岡市経済部観光課（2008）「温泉街の保存・再生城崎温泉」による。
   https://www.mlit.go.jp/common/000223477.pdf（2021 年 5 月 9 日最終閲覧）
5) 豊岡市大交流課より 2021 年 1 月 21 日に入手した数値による。
6) 自治体国際化協会(2017)「城崎温泉の一極集中からエリア展開へ、データ解析で次のフェーズへ！」による。
   http://economy.clair.or.jp/casestudy/inbound/1314/（2021 年 12 月 22 日最終閲覧）
7) 但馬屋ホームページによる。
   https://www.kinosaki-tajimaya.co.jp/2013/02/2_1.html（2021 年 5 月 5 日最終閲覧）
8) 豊岡観光イノベーション 2019「来訪者アンケート（国内・インバウンド）2018 年 4 月〜2019 年 3 月 速報集計」による。
   https://corp.toyooka-tourism.com/research/report/981.html/（2021 年 5 月 7 日閲覧）
   ※ 1031 人から回答を得ている。
9) https://www.instagram.com/p/BYlMs_FAjBD/（2021 年 9 月 8 日最終閲覧）による。

第 5 章　インバウンド施策と商業施設の変化

10) 環境省（2017）「自然等の地域資源を活かした温泉地の活性化に向けた提言〜「新・湯
治 -ONSEN stay」の推進〜の発表について (温泉地に関する参考資料)」による。
http://www.env.go.jp/press/files/jp/106545.pdf（2021 年 5 月 9 日最終閲覧）

11）例えば、フリー Wi-Fi の利用者による行動分析として、利用者が登録する際にその属性
をとり、滞在期間中の訪問先を把握できるようにした。その結果、国別や年代別による訪
日外国人客の志向を把握することができた。
（自治体国際化協会（2017）「城崎温泉の一極集中からエリア展開へ、データ解析で次の
フェーズへ！」による。）
http://economy.clair.or.jp/casestudy/inbound/1314/（2021 年 12 月 22 日最終閲覧）

12）豊岡健康福祉事務所 (2021)「簡易宿所届出資料」(2021 年 2 月 5 日に開示請求の上、入手)
による。

13）@press（2018）「城崎温泉で木造建築物を“再生”する新プロジェクト始動　第 1 号は
築 90 年の元旅館建築物を女性専用ゲストハウスに変身！」2018 年 3 月 31 日配信による。
https://www.atpress.ne.jp/news/153317（2021 年 5 月 9 日最終閲覧）

14）豊岡鞄ホームページによる。
https://www.toyooka-kaban.jp/concept/history.Php（2021 年 5 月 18 日最終閲覧）

15）2021 年 3 月 14 日に城崎温泉で「豊岡鞄」の販売を行っている販売店 A の店長からの聞
取りによる。

16）2021 年 3 月 14 日、城崎温泉街の景観撮影時の観光客の会話による。

17）1990 年に「城崎温泉町並みの会」に改称。

18）豊岡市（2008）「温泉街の保存・再生 城崎温泉」による。
https://www.mlit.go.jp/common/000223477.pdf（2021 年 5 月 9 日最終閲覧）

19）国土交通省（2018）「マネジメント型まちづくりファンドの設立（城崎まちづくりファ
ンド）」による。
https://www.mlit.go.jp/common/001219202.pdf（2021 年 5 月 16 日最終閲覧）

20）城崎の商工会や観光協会など各種団体、住民が連携してまちづくりを推進するための組
織である。

21）豊岡市都市整備部都市整備課（2018）による。

22）前掲 21）。

23）豊岡市地域コミュニティ振興部文化振興課文化財室（2021）「豊岡市の指定等文化財
国登録・県登録」による。
https://www.city.toyooka.lg.jp/_res/projects/default_project/_page_/001/001/409/20210501toroku.
pdf（2021 年 5 月 21 日最終閲覧）

24）ファイナルアクセス（2018）「国有形文化財 うめのや遊技場　解体」による。
https://final-access.jp/17424（2021 年 5 月 22 日最終閲覧）

115

第2部　歴史的建造物の再利用と地域の変容

第6章

アルベルゴ・ディフーゾによる地域の再生
－岡山県矢掛町－

1. アルベルゴ・ディフーゾ

　第5章までは、町家などの歴史的建造物がゲストハウスへと再利用されることにより、外部資本により消費され、ツーリズムジェントリフィケーションが発現している状況を示した。本章では、行政や地域住民が主体となって再利用することで地域の再生へと発展させていくアルベルゴ・ディフーゾ（albergo diffuso）について記していく。

　アルベルゴ・ディフーゾとは、1976年に北イタリアで発生した震災をきっかけに宿泊業組合会長だったジャンカルロ・ダッラーラ（Giancarlo Dall'Ara）氏が1982年に考案した民泊システムである（渡辺ほか2015）。一般的なホテルが、1カ所の施設でサービスを提供するのに対し、アルベルゴ・ディフーゾは集落の中心部にレセプションを設け、そこから一定の範囲内の空き家や空き店舗などを宿泊施設として活用し、集落内のレストランを利用する「水平型ホテル」である（山崎2015）。1988年にアルベルゴ・ディフーゾ協会が発足し、2018年4月時点では102地域がアルベルゴ・ディフーゾとして登録されている（山田・藤井2019）。

　アルベルゴ・ディフーゾの特徴は、レセプションを中心に、レストラン、バー、共用スペースのネットワークを形成し、各施設は200m以内の距離に配置されている。観光客は、ホテルチェーンでは提供できない地域資源にもとづいた食や文化やコミュニティによるサービスを受け、地域特有の活動に参加すること

116

もできる。このようなサービスを提供するために、地域の歴史的、文化的、環境的資源や食材、伝統的な料理、工芸品などが発掘され、地域の団体活動が促進される。観光客を呼び込むだけではなく、住民が日常生活を新たな視点から見て、その価値を認識し地域の価値向上に努めるようになる（Dall'Ara 2019）。すなわち、旅行者に生活そのものを価値あるものとして提供していく過程で地域内に商業施設や宿泊施設、レストランや工房などの新たな商いが生まれる。このプロジェクトの最終目標は、地域に人を呼び戻すことであり、アルベルゴ・ディフーゾとして登録されている地域では、地域の経済を支える人々が増えている[1]。

　イタリアでは、文化協会を設立後に地域の農産物の保護や継承に力を入れ、フィレンツェやピサの大学の農学部と連携して、古代小麦の種を用いた小麦粉から作ったピッツアの提供や農業の保護運動など、土地の文化を継承する動きに発展しているケースもある（中橋 2017）。その一方で、廃墟の不動産に投資して成功したオーナーがアルベルゴ・ディフーゾの啓発には関心を示さなくなり、当初の目的とは異なる形態に変わっていく事例もある。また、高価格帯の宿泊費を設定したことで富裕層が訪れ、これら富裕層に合わせた高級レストランやワインバーがオープンして、宿泊客と住民の間に溝が生じるなど（中橋 2020）、ツーリズムジェントリフィケーションを誘発する側面もみられる。

　さらには、地域の住民がアルベルゴ・ディフーゾという用語を知らず、宿とレストランや商店、そして住民を結ぶ組織がないために地域一体となった取り組みにならない事例もある（山田・藤井 2018）。これらはアルベルゴ・ディフーゾの理念と運営に乖離が生じていることを示唆しているが、イタリアの中南部では廃村の可能性のある自治体が 3000 近くあり（中橋 2017）、アルベルゴ・ディフーゾは地域再生の一助となりつつある。

　本章では、岡山県矢田郡矢掛町を対象に、歴史的建造物の再利用による「町ごとホテル」の取組みからアルベルゴ・ディフーゾに認定された過程と地域の変容について言及する。矢掛町では、行政主導のもと古民家を活用した宿泊施設の運営を計画し、その事業運営を「町ごとホテル」を提案した企業に委託した（神田・日高 2022）。この取組みがイタリアのアルベルゴ・ディフーゾ協会

第2部　歴史的建造物の再利用と地域の変容

に認められ、矢掛町はアルベルゴ・ディフーゾとして日本で唯一認定された地域である。

　矢掛町のアルベルゴ・ディフーゾを対象とした先行研究としては、辻本（2020）による観光事業による賑わい創出を目的とした空き家対策や観光振興事業の取組みに言及したもの、神田・日高（2022）によるアルベルゴ・ディフーゾへと発展していくプロセスにおけるアクターの関与について示したものがある。また、荻原ほか（2021）はエリア・ホスピタリティ[2]の事例の一つとして検証し、既存の建造物の活用ならびに空き家対策の有効性を示した。

　これらの先行研究は、いずれもアルベルゴ・ディフーゾに認定されるまでの背景やプロセス、携わった人々に言及しているが、地域の変容の詳細ならびに地域に及ぼす影響については言及されていない。

　本章では、矢掛町が「町ごとホテル」からアルベルゴ・ディフーゾに認定される過程ならびに認定後における地域の変容について言及する。具体的には、1）商業施設数の変化や業種の特性、2）事業主の特徴、3）観光客数の変化、4）公示地価の変化、5）各種制度や運用体制について示す。

2. 矢掛町における観光施策

（1）岡山県矢田郡矢掛町の概要

　矢掛町は、岡山県の小田川流域の南西部に位置し、標高 15 〜 505 m の緩やかな丘陵に囲まれた盆地で、東西 12km、南北 15km、周囲 55km、町域面積は 90.62 km²と岡山県の総面積の約 1.2% を占める[3]。岡山駅からは、JR 伯備線で清音駅まで 26 分、清音駅から井原鉄道に乗り換え 19 分で矢掛駅に着く。車でも岡山駅から 1 時間、倉敷駅から 35 分程度の位置にある。

　矢掛宿は江戸時代に新たに建設された宿場町で、1635 年の参勤交代の制度により形成された[4]。江戸時代の山陽道（西国街道）は、幕府が直轄する五街道に次ぐ主要な街道で、山陽道は大坂を起点に小倉を終点とする約 128 里の間に 52 の宿駅があり、矢掛宿はその宿場町の一つとされている[5]。現在は、日本で唯一、旧本陣と脇本陣が残る地域でもある。

118

矢掛町の人口は、1970年の1万8,665人から2015年には1万4,201人へと緩やかに減少し、2015年の老年化指数は342.8と全国の210.6よりも高い。また、世帯数は1970年の4,611世帯から1980年の4,762世帯に増加後、1990年に4,685世帯まで減少したが、その後2015年までの25年間で4,955世帯へと増加した[6]。世帯数の増加に関しては、1世帯当りの人員が3.69人（1990年）から2.87人（2015年）に減少したように、世帯が分離して単身高齢者が増加したことに起因している[7]。

このような人口減少ならびに単身高齢世帯の増加に対し、矢掛町では空き家活用の「空き家情報バンク登録物件」の管理・運営、移住支援サイトの運営、お試し居住の取組みなどにより、2019年までに74軒の空き家が活用され、その内61軒が居住利用と移住促進に力を入れてきた[8]。

（2）矢掛商店街における景観整備

矢掛商店街は旧山陽道の宿場町の中心部として栄え、矢掛駅から徒歩10分程の場所に位置する（図1）。街道沿いには江戸時代後期までに形成された地割に、妻入と平入の町家が混在した屋並みが形成され、1969年に国の重要文化財に指定された江戸時代の旧本陣と旧脇本陣を中心に漆喰塗込の重厚な町家など、江戸時代から近代に建てられた伝統的建造物が残っている（写真1）。2020年には重要伝統的建造物群保存地区に指定され、保存地区は矢掛商店街を中心に形成されている（図1）。

伝統的建造物が保存されてきた背景として、1992年に発足した「備中矢掛宿の街並みをよくする会」[9]による景観整備がある。矢掛商店街の江戸時代の末期から明治・大正にかけて建てられた町家は、1960年代の商店街の近代化ブームにより建物の前面は看板、パラペット、ファサードなどで改造され、街並みの歴史的景観を失っていた[10]。過疎化が進み、空き家が増え続けて街並みの景観が損なわれていく中、備中矢掛宿の街並みをよくする会は、快適でうるおいのある街並みをつくるために景観整備に着手した。そして、景観を修復するために、1993年から2007年にかけて看板やファサードの撤去などを75軒の町家に対して行い、景観整備を進めてきた。景観整備事業の取組みは総事

第 2 部　歴史的建造物の再利用と地域の変容

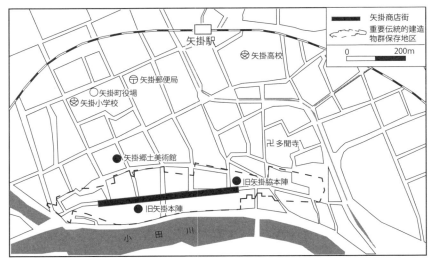

図 1　矢掛駅と矢掛商店街の位置
筆者作成．

写真 1　歴史的建造物が連なる矢掛商店街
（2021 年 8 月 16 日筆者撮影）

業費 5 億円を超え、補助総額は 1 億 5790 万円に及んだが、1 軒当り 450 万円の費用を負担しながら地域全体で景観整備に臨み、2012 年に「第 8 回住まいのまちなみコンクール国土交通大臣賞」を受賞した[11]。

（3）賑わいのまちやかげ宿

　矢掛町は景観整備と並行して、空き家活用の取組みも行っている。先述のように矢掛町は、空き家情報バンクを運営し、空き家を活用してきたが、矢掛町自ら空き家を再利用する観光施策を始めた。「賑わいのまちやかげ宿創出施設設置条例」に基づき、矢掛町に寄贈された町家や矢掛町が買い上げた町家を改修し、観光施設として運営している。

　矢掛商店街内に 2014 年 2 月に開業した「やかげ町家交流館」は、観光客や地域住民が気軽に立ち寄れる場として設置された（写真 2）。1975 年から空き

第6章　アルベルゴ・ディフーゾによる地域の再生

写真2　「やかげ町家交流館」
（2021年8月16日筆者撮影）

写真3　矢掛の農産物を使用した加工食品
（2021年8月16日筆者撮影）

家だった町家を再利用した施設内には、矢掛町内で製造された食料品や土産物、地元の工芸作家による雑貨などが並び、この施設でしか購入できない品が揃えられていた（写真3）。

2015年3月に開業した「矢掛屋」は、江戸〜明治期に建てられた町家を矢掛町が宿泊施設として改修した（写真4）。矢掛商店街内に宿泊

写真4　「矢掛屋」
（2021年10月14日筆者撮影）

施設がなかったため、この宿泊施設を起点として観光客数の増加を目指し、矢掛町によって誘致した宿泊施設である。本館は6つ、露天風呂がある別館は9つの客室があり、宿泊施設の運営は民間企業に委託している。2021年3月にオープンした「矢掛ビジターセンター問屋」は、江戸時代には「因幡屋」という屋号で宿場から宿場へ公用の貨客を運ぶ馬や人足などの輸送手配を行っていた町家[12]を観光案内施設として再利用し、一般財団法人矢掛町観光交流推進機構（やかげDMO）の事務所としても利用している。館内には休憩スペースがあり、矢掛町のイベント情報や観光パンフレットなども入手できる。

このように矢掛町では、町家を中心に景観整備を行った後に町家を観光施設や宿泊施設として再利用していくことで、商業施設が集積し「町ごとホテル」

121

を実現した。この取組みが評価され、2018年にアルベルゴ・ディフーゾ協会から日本初の「アルベルゴ・ディフーゾ」に、そして、世界初の「アルベルゴ・ディフーゾ・タウン」に認定された。

3. 地域に及ぼす影響

(1) 商業施設数の変化

　図2は、矢掛屋を中心とした矢掛商店街内の観光関連施設と2014年以降に開業した飲食店と小売店の分布図（2021年8月16日時点）である。矢掛町では、2014年から2021年の間に新規に18店舗が開業した。主に交流館や宿泊施設などの観光関連施設の周辺に新規店舗が集積しているが、大半は飲食店である。宿泊施設のなかった矢掛商店街内に宿泊施設（矢掛屋）が2015年に開業し、矢掛町は2015年に「矢掛町観光元年」と宣言した。そこから1年経過した2016年以降に新規出店が増加している。これは矢掛町が観光にシフトしたことへの期待感と観光客数が増加したことによるものと推察される。COVID-19禍における2021年時点でも、昼時に飲食店で収容できる数を超える観光客が訪問し、観光客が昼食を取れない状況になる程に賑わっていた[13]。

　このような新規店舗の開業が続いた背景には行政による支援がある。矢掛町では町内産業の振興や雇用及び定住・交流の促進による賑わいのまちづくりを

図2　矢掛商店街の観光施設と2014年以降開業の飲食店などの分布図
各店舗ホームページならびに現地調査により作成．

目的に、「空き家活用新規創業支援事業補助金」を設定した。これは、町内の空き家を利用して小売業、飲食業、サービス業などで新規に創業する事業者に創業支援として支給される補助金である。町内の空き家を活用して新しく事業を起こすために必要な空き家の購入費、空き家の改修費、設備備品購入費の1/2 以内が支給される（補助限度額 200 万円）。2015 年から 2020 年の間に矢掛町全域で 19 軒が適用となり 6059 万円の補助金が支給された[14]。

（2）新規事業者の特性

2015 年以降に矢掛商店街に新規出店した 18 店舗の事業者の特性を、「法人区分」、「移住区分」、「特徴」の項目で分類した（表1）。この事業者特性の分類をもとに新規出店者の特性を示す。18 店舗の内、法人によるものは 5 店舗で、町営の施設内における店舗で指定管理者として委託された民間企業による

表1　2015 年以降に開業の事業者の特性

No.	業種	開業年	法人区分		移住区分			特徴	
			法人	個人	地元	Uターン	Iターン	継業：異業種	クリエイター
1	土産物・飲食店	2014 年	○		—	—	—	—	—
2	食品製造	2015 年		○	○			—	—
3	カフェ・雑貨	2015 年		○			○	—	—
4	飲食店（和食）	2015 年	○		—	—	—	—	—
5	カフェ	2016 年		○		○		○	
6	土産物店	2017 年	○		—	—	—	—	—
7	飲食店	2017 年	○						
8	小売店（専門）	2017 年		○	○				
9	飲食店	2017 年		○			○		
10	衣料品（製造・販売）	2017 年		○		○			○
11	飲食店	2018 年		○	○			—	—
12	食品製造・カフェ	2018 年		○			△		○
13	カフェ	2018 年		○			○		
14	レストラン	2019 年		○			○		
15	カフェ	2020 年	○		—	—	—		
16	カフェ・雑貨	2021 年		○			○		○
17	カフェ（珈琲専門）	2021 年		○		○		○	
18	カフェ	2021 年		○		○		○	

聞取り調査により作成.

第 2 部　歴史的建造物の再利用と地域の変容

写真 5　倉敷からの移住者のカフェと雑貨の店
（2021 年 10 月 18 日筆者撮影）

写真 6　石造作家兼チョコレート製造・販売店
（2021 年 10 月 18 日筆者撮影）

運営が 4 店舗、その他が 1 店舗である。個人事業主の運営する店舗は 13 あるが、これら事業者にはいくつかの特徴がある。

　一つめは移住者による出店である。2015 年にカフェと雑貨の店（写真 5）を開業した家族は、矢掛町の知人に「雑貨やカフェのお店がないのでお店を始めないか」と声を掛けられて空き家を購入し、倉敷から移住して店を始めた。この店で雑貨の仕入れと販売を行っているご夫婦は、近隣の人々から野菜をもらったり 2 階で展示会を行ったりと、地域の人々と交流を深めながら生活している。また、矢掛町観光交流推進協議会にも参加し、地域の活動にも積極的に関わっている[15]。このような移住者（I ターン）の店は 5 店舗あった[16]。

　二つめは、店舗を継承して異なる事業を始める場合である。2016 年 5 月に開業したカフェのオーナーの家は、代々、木材商であったが[17]、事業を継承せずにカフェを開業した。ここのカフェで提供している特徴的な団子は、インスタでも多く紹介され、県内外から多くの観光客が訪れている。また、2021 年 3 月に開業したコーヒー店は、店主の祖母や両親が営んでいた食堂が道の駅の建設に伴う立ち退きの後、店舗を新築して営業している。2021 年 8 月に開業したスープとドリンクの店は、母親が経営していたブティック店をそのまま利用していた[18]。このように先代の家業とは異なる形態で店舗や土地を継承しながら新たな商いを行っている店は 3 店舗あった。事業形態は異なっても、先代が商いを行っていた店舗や土地を活用し、新たな商いを行うことができる

124

のも、矢掛町がアルベルゴ・ディフーゾの認定により注目され、観光客数が増加したことによると推察される。

　三つめは、クリエイターによる開業である。2019年開業のチョコレート店(写真6)は、石臼を使ってカカオ豆を挽き、チョコレートを製造・販売しているが、並行して石造作家として活動を行っている。2021年3月に開業した店は、木工作家である姉と菓子作りを行う妹が週3日、カフェと雑貨の店として営業している[19]。その他にも、アフリカのセネガルの廃材（加工で出たハギレ布やビニールなど）をリメイクし、衣服や小物を販売している店舗もある。このようなクリエイターによる店は3店舗あった。

　新規店舗全体の特性としては飲食店が多く、18店舗中14店舗が飲食店である。また、飲食店の形式もカフェが多く、14店舗中8店舗がカフェ系で、アルベルゴ・ディフーゾに認定された後に開業したのは5店舗である。

（3）観光客数の変化と公示地価

　町家を再利用した宿泊施設や観光施設、飲食店などの増加により、観光客数にも変化が生じた。2013年には18万1,453人だった観光客数が、「やかげ町家交流館」が開業した2014年には22万7,077人と前年比25.1％増、宿泊施設矢掛屋（本館・別館）が開業した2015年には28万4,917人で前年比25.4％増、観光交流拠点「矢掛豊穣　あかつきの蔵」が開業した2017年には観光客数が33万105人になった。2018年は西日本豪雨災害の発災により29万6,656人に減少したが、2019年には32万4,000人に回復した。このように2015年に矢掛町が「矢掛町観光元年」を宣言してから確実に観光客数を延ばし、地域に賑わいをもたらしていた。

　こうした観光客数の増加に伴い、新規店舗の開業が続くと路線価や不動産価格が高騰することが多い。そこで矢掛町商店街の公示地価の変化について確認した（図3）。公示地価は2009年から2021年にかけて下がっているが、2009年から2015年の下落率が11.8％に対して、2015年から2021年の下落率は5％にとどまった。このように不動産価格が高騰するまでには至らず、ツーリズムジェントリフィケーションの兆候は見られなかった。

125

第2部　歴史的建造物の再利用と地域の変容

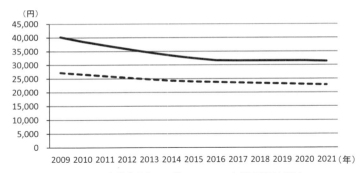

図3　矢掛町の公示地価（2009-2021年）
日本不動産鑑定士協会中国会岡山県部会編（2009-2021）により作成.

（4）まるごと道の駅

　矢掛商店街の南側、国道486号沿いに2021年3月にオープンした「道の駅山陽道やかげ宿」は、豪華観光列車「ななつ星in九州」など、多くの鉄道車両を手掛けた岡山出身の工業デザイナーの監修である。カフェのような設えの休憩コーナーとベビーコーナーやキッズルームはあるが、飲食店や土産物店は併設していない。館内には、「矢掛まるごと道の駅」をコンセプトに矢掛商店街で購入できる物品が展示され（写真7、8）、隣接する矢掛商店街での飲食ならびに土産物の購入へと誘導している。また、入口にはコンシェルジュを配置し、

写真7　商店街で購入できる物品を展示
（2021年10月18日筆者撮影）

写真8　棚一つは300円/月で展示が可能
（2021年10月18日筆者撮影）

矢掛の観光スポットや道の駅について説明を行い、矢掛商店街の訪問を促していた。2021年3月28日〜10月13日の道の駅への来場者数は14万7,021名（平均：平日400〜500人、土日1,000〜1,500人）で、道の駅を利用して矢掛商店街へと移動する人は開業当初は20%程度であったが、2021年10月時点では各種マスコミに取り上げられた影響もあり30%程度まで増加している[20]。

このように、矢掛商店街内の町家の宿泊施設への再利用から始まった「町ごとホテル」は「まるごと道の駅」へと拡充し、矢掛商店街の再生に大きく寄与している。

4. アルベルゴ・ディフーゾを支える体制

2019年4月1日、官民が連携して観光事業に取り組むために「一般財団法人 矢掛町観光交流推進機構」が発足した。国内外からの観光客誘致、特産品の開発、観光ツアーやイベント企画などの事業に取り組むために「旅行」、「宿泊」、「食事」、「体験・交流」といった目的別に体制が組まれている（図4）。体制は組まれているが、各部門単位で運営組織が異なるため、異なる意見が出た場合、その調整に時間を要している。こうした現状を踏まえ、矢掛DMOが中心となり、観光ビジョンの策定が予定されていた[21]。観光ビジョンを定めることは、手段や方法で意見が異なった場合でも、その目的を再度確認できるため有効な手立てといえる。

その一方で、矢掛商店街で店を構えた店主によるとイベントなどの観光振興

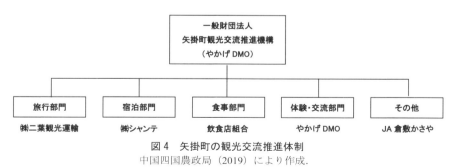

図4　矢掛町の観光交流推進体制
中国四国農政局（2019）により作成.

第 2 部　歴史的建造物の再利用と地域の変容

を行う際に、若い人々の意見がなかなか反映されず、相談窓口もはっきりして
いないことで困っている側面もあった[22]。矢掛商店街では、20〜30代を中心
に、空き家や空き店舗となった町家を再利用した飲食店や小売店の新規開業
が続いている。このような遊休不動産を再利用したまちづくり（＝リノベー
ションまちづくり）においては、若手の店主たちが協働してイベントなどを開
催し、地域のルールをつくるなど地域の再生に寄与することが多いが（池田
2016、2019a）、矢掛商店街を中心とした観光振興においては、シニア世代の意
向や意見が強く、次世代を担う若い店主たちが思うように活動するのが難しい
という声もあった。

5. 地域協働による観光振興

　本章では、歴史的建造物の再利用による地域の再生と地域に及ぼす影響につ
いて検討してきた。地域に及ぼす影響としては、矢掛町が観光戦略に舵を切り、
町家を宿泊施設や観光施設に再利用したことで、観光客数が増加し、矢掛商店
街内の商業施設も大幅に増加した。新規創業者の特徴として、地域外からの移
住者もみられるが、地域で生まれ育った人々が町家などの店舗を継承しながら
先代の家業とは異なる業種で新たな商いを始めていた。また、クリエイターに
よる個性的な店も開業していた。このような商業施設の増加により、路線価や
不動産価格が上昇することがあるが、矢掛町では公示地価の下落幅の縮小に留
まった。

　矢掛町では、過疎化の進行と共に空き家が増え続け、街並みの景観が損なわ
れていく中、地域住民が町家の保全活動に力を入れ、地域資源を継承してきた。
その後、矢掛町が空き家や空き店舗となっていた町家を観光施設や宿泊施設へ
と改修し、観光資源として再利用することで、観光客数の増加をもたらした。
また、創業支援を活用した新規事業者による商業施設が増加した。これら新規
事業者は移住者や矢掛町で生まれ育ったUターン者が多く、次世代を担う人々
が地域に戻り、地域経済を支えていた。

　矢掛町においても町家が観光資源として再利用されていたが、外部資本の流

128

入や不動産価格の高騰、それらに伴う住民の立ち退きなどが生じることなく、地域再生の礎となっていた。このような官民連携による地域主体の町家の活用は、持続可能な観光の一つともいえる。

　官民連携による観光振興を推進する体制に関しては、若い店主たちの意見や意向が反映されにくい状況であるため、10年後や20年後を考えると、運営主体の若い世代への移行などが、今後の課題といえる。こういった課題を抱えながらも、地域資源を最大に活用し、観光による地域再生への体制を整えながら進めている矢掛町と住民の取組みについては、その持続性も含め、今後も検討が必要である。

注

1）TRAVEL JOURNAL ONLINE「アルベルゴ・ディフーゾ協会ダッラーラ会長が語る「分散型ホテルの可能性」」2019年12月2日配信による。
　https://www.tjnet.co.jp/2019/12/02/%e3%82%a2%e3%83%ab%e3%83%99%e3%83%ab%e3%82%b4%e3%83%bb%e3%83%87%e3%82%a3%e3%83%95%e3%83%bc%e3%82%be%e5%8d%94%e4%bc%9a%e3%81%ae%e3%83%80%e3%83%83%e3%83%a9%e3%83%bc%e3%83%a9%e4%bc%9a%e9%95%b7%e3%81%8c/（2021年8月9日最終閲覧）
2）エリア・ホスピタリティとは、宿泊機能を積極的にまちの活力として受け入れるという概念によって、地域の住環境や伝統文化の維持を図ろうというまちぐるみのおもてなしや宿泊の呼び込みを示す（荻原ほか2021）。
3）矢掛町建設課（2020）「岡山県矢掛町町並みエリアの景観を活かしたまちづくり—官民連携無電柱化支援事業矢掛地区の取組について」一般財団法人　道路新産業開発機構『道路行政セミナー』5月号による。
　https://www.hido.or.jp/14gyousei_backnumber/2020data/2005/2005chiiki-yakage_town.pdf（2021年9月25日最終閲覧）
4）矢掛町文化財保護委員会編（2004）『矢掛町歴史年表』矢掛町文化財保護委員会による。
5）矢掛町文化財活用実行委員会「宿場町　矢掛を歩く」矢掛町教育委員会による。
6）国勢調査（1970-2015年）による。
7）矢掛町役場での聞取り調査（2021年10月14日実施）による。
8）岡山県矢掛町産業観光課にメールにて問い合わせ、2021年9月7日に得た回答による。
9）地域住民及び近隣住民に対して、街並み景観整備、街並み保存、古民家整備及び空き家有効活用、美化活動、子供たちの郷土愛を育む活動及び観光の振興を図る事業を行い、地域住民及び近隣地域の発展と活性化に寄与することを目的として発足した会である。
　内閣府NPOホームページ「NPO法人備中矢掛宿の街並みをよくする会」、2016年9月29日配信による。

第 2 部　歴史的建造物の再利用と地域の変容

　　https://www.npo-homepage.go.jp/npoportal/detail/033000739（2021 年 10 月 31 日最終閲覧）

10）備中矢掛宿の街並みをよくする会（2012）「歴史と街づくり活動の経緯」一般財団法人
　　住宅生産振興財団『第 8 回住まいのまちなみコンクール審査結果』による。
　　https://www.machinami.or.jp/pdf/contest_report/report8_1_overview.pdf（2021 年 10 月 31 日 最
　　終閲覧）

11）備中矢掛宿の街並みをよくする会（2014）「受賞を契機に新たに取り組んでいること」
　　一般財団法人住宅生産振興財団『第 8 回住まいのまちなみコンクール審査結果』による。
　　https://www.machinami.or.jp/pdf/contest_report/report8_1_25.pdf（2021 年 10 月 31 日最終閲覧）

12）岡山観光 WEB「矢掛ビジターセンター問屋」による。
　　https://www.okayama-kanko.jp/spot/15948（2021 年 11 月 2 日最終閲覧）

13）2021 年度は COVID-19 禍であったが、1 日 600 人の観光客が訪れる日もあり、飲食店の
　　総席数が 170 程度のため、食事を取ることが出来ない観光客がいた（やかげ DMO　一般
　　社団法人　矢掛町観光交流推進機構理事長からの聞取り調査による：2022 年 2 月 27 日実施）。

14）矢掛町産業観光課地域振興係への問合せで得た 2021 年 10 月 13 日の回答資料による。

15）店舗（表 1・No.3）のオーナーの奥様からの聞取り調査による（2021 年 8 月 16 日実施）。

16）No.12 の I ターンで△の表示は、岡山市に居住しながらの開業を意味する。

17）オーナーの父は一級建築士として社寺建築や古民家再生を行っているが、父の事業を継
　　承せずに 1 階の事務所を改修して開業した（神田将志氏によるオーナーの父への聞取り調
　　査による：2022 年 3 月 1 日実施）。

18）店舗（表 1・No.18）のオーナーからの聞取り調査による（2021 年 10 月 14 日実施）。

19）前掲 18）。

20）「道の駅 山陽道やかげ宿」のコンシェルジェからの聞取り調査による（2021 年 10 月 14
　　日実施）。

21）やかげ DMO 理事長からの聞取り調査による（2021 年 8 月 16 日実施）。

22）矢掛商店街で飲食店を経営している若手の店主からの聞取り調査による（2021 年 10 月
　　14 日実施）。

第 3 部

リノベーションまちづくりと地域の再生

第3部　リノベーションまちづくりと地域の再生

第7章

家守によるリノベーションと市場の再生
－新潟市沼垂地区－

1. 旧市場のリノベーションによる再生

（1）リノベーションまちづくりと家守

　日本では、空き家、空きビル、空き店舗、廃校した小・中学校など、遊休不動産が増加している。2003 年には、東京 R 不動産がストック建築の価値の置換と流動化を目的としたリノベーション事業に着手するなど、遊休不動産の積極的な活用が行われてきた。このようにリノベーションによるまちづくりが注目されるようになったのは、今から 20 年程前のことである。リノベーションの概念として、木川田ほか（2004）では、「1990 年代の長期経済低迷と高度経済成長時代に大量生産された建築ストックの存在を背景として現れた、既存建築を有効に活用しようという考え方」と定義された。2000 年代後半からは、不動産所有者とリノベーションにより更新された不動産を利用する新規流入者との間で、仲介やマネジメントを行う家守（根本 2005）や、地区の交流ネットワークの再編（矢吹ほか 2014）など、リノベーションを推進するために、所有者と新規利用者の間で既存建築の有効活用を推進する第三者のマネジメント的な役割が明らかにされてきた。リノベーションにおいては、長屋再生を目指し、新規移住者や地域外部者が強いリーダーシップを発揮し、地域の活性化をもたらす（柴田 2006）など、アクターの存在が重要とされている。空き家や空き店舗の問題を地域の再生の一つとして捉え、更新された不動産の利用が居住者の変化をもたらし、地域そのものが変化することもある。

132

リノベーションによる商店街の再生や地域活性化では、NPO 団体や企業などが、対象物件に対してマネジメントの役割を担う。たとえば、現代版家守として、① SOHO コンバージョンに適切な物件の確保、②設計・内装工事業、③不動産、プロパティマネージャー、④インキュベート・マネージャー、⑤コミュニティ・マネージャーである（清水 2014）。

先行研究においては、不動産所有者とそこで商売や居住などを始める新規流入者の仲介に立つ NPO（矢吹ほか 2014）や家守会社（清水 2014）などについては明らかにされているが、家守が自ら不動産所有者となり地域再生を行った事例は、少ない。空き家や空き店舗を再利用する際のキーパーソンは、不動産所有者である。不動産所有者は、店舗として需要が見込めない空き店舗などの不動産を売却して駐車場として利用し、空き店舗をそのまま放置するなど、地域の衰退に拍車をかけることがある。活用されていない物件を活用するための提案を行うのも家守の役割であるが、その家守（もしくは不動産活用を進める第三者）が交渉しても、空き店舗の賃貸契約が拒まれることもある。

（2）旧市場の再生と家守

本章では、2010 年より新潟市沼垂地区の旧市場において、一人の篤志家が家守として自ら不動産所有者となり、沼垂テラス商店街として再生した事例について示す。2010 年時点で、沼垂市場では、管理組合の規約により空き店舗になっても組合員以外に賃貸契約ができなかった。そのため、廃業した店舗の賃貸契約が進まず、31 店舗中 4 店舗のみ営業していた沼垂市場が、2014 年 4 月から活動を行い、2015 年 4 月には、空き店舗が全て埋まり新規店舗が開業した。名称を沼垂市場から沼垂テラス商店街に改め、衰退していた地域のイメージが「昭和レトロな雰囲気に個性的な店が並ぶ商店街」として変化した。

本章では、篤志家はどのように空き店舗を再生したのか、空き店舗が再生されると地域がどのように再活性化されるか、新規事業者はどのように商売を行っているのか、などに言及する。また、商店街として再生したことで、地域に及ぼした影響ならびにその後の課題についても言及する。

なお、本章では、1964 年の朝市の廃止により 1965 年に設置された食品小売

市場を沼垂市場、この沼垂市場をリノベーションして 2015 年 4 月に開業したのが沼垂テラス商店街、その近隣の商店街を沼垂通り商店街として表記している。

2. 新潟市沼垂地区の衰退

　新潟市中央区にある沼垂は、新潟駅から北東に向かって 1.5 km、徒歩 15 分程の場所にある（図 1）。新潟市では、2008 年に中心市街地活性化基本計画が策定され、2013 年 3 月をもって計画期間が終了した。中心市街地活性化基本計画においては、古町地区、万代地区、新潟駅周辺地区の 3 つの地区（図 1）が重点活性化地区として、新潟市による支援を受けていたが、沼垂地区は下町地区とともに活性化推進地区と指定され、中心市街地活性化の主たる対象とはみなされなかった。沼垂地区は行政からの支援もなく、沼垂通り商店街内の店舗の閉店は続いていた。人通りの少なくなった同地区では、2011 年から 2013 年の間に 4 件の不審者による犯罪が発生し、治安がよくない状態であった[1]。

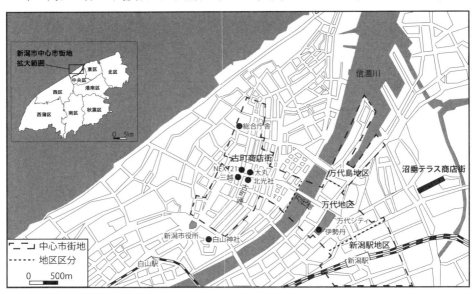

図 1　新潟駅前商業地区と沼垂地区
筆者作成.

沼垂の語源は、7世紀頃に城塞として存在した淳足柵からとされている[2]。栗ノ木バイパスの東側には、かつて花街が存在し、沼垂芸妓がまちを彩っていた。1898年に北越鉄道の終着駅のあった沼垂町には、新潟日石製油所（1918年開設）や北越パルプ（1913年開設）の工場があった。駅前には旅館や多くの飲食店が軒を並べていたが、1958年には新しい新潟駅の開業と同時に沼垂駅は廃止され、新潟市の中心市街地の機能は新しい新潟駅に移った。かつては、沼垂市場として賑わっていた沼垂東3丁目や隣接する沼垂東2丁目を中心とした南北の沼垂通り商店街は、空き店舗が増加した。沼垂地区は高齢化が進み、沼垂東2～3丁目の高齢者比率は、1995年で20.6％、2000年で24.2％、2005年で27.5％、2010年で27.0％と全国平均よりも6～7％高く、後継者のいない商店の閉店など、商店街の衰退が著しくなった[3]。

沼垂の市の歴史は古く、1721年には開設し、近在の農家から大根や芋類などが持ち込まれ、農家は野菜の売上金で、古着や下駄や雑貨などの日用品を買い求めていた。1901年頃から現沼垂3～5丁目に開設されていた沼垂朝市は、国道沿いに開かれていたため自動車交通量の激増に伴い移転が必要となり、1955年12月に沼垂寺町の堀を埋め立てて、そこに沼垂朝市を新設し移転させた。1964年、中央卸売市場が開設された時点で、露天市場改正条例により、朝市は1965年に廃止された。東新潟市場協同組合が新潟市と交渉した結果、日ノ出町（旧寺町堀）地区に食品小売市場として沼垂市場が誕生した[4]。

沼垂市場をめぐる環境も、時代と共に大きくかわった。1958年には沼垂駅が旅客営業を廃止し、1970年代のモータリゼーションにより、住宅が周辺市街地に建設された。また、小売商の多くが幹線道路沿いに移転した。さらには店主の高齢化に伴い、商店の廃業が続いた。沼垂市場内で、2010年時点で営業していたのは、31店舗中4店舗となった。近隣の沼垂通り商店街の人々は、沼垂市場の空き店舗の多い状況を改善するために、長屋の利権者である東新潟市場協同組合に他の業種への店舗の賃貸契約を依頼した。しかし、同組合の規約により「組合員以外に貸すことは出来ない」と、賛同を得られずに進まなかった。

第3部　リノベーションまちづくりと地域の再生

3. 旧市場の再利用による商店街の再生

(1) 家守による商店街の再生

　沼垂市場の新店舗の出店が進まない中、沼垂市場に面して料理屋を営む田村寛氏は、祖父の時代から50年の間、商いを行っていたという信頼をもとに、同組合より空き店舗を1つ買い取り、2010年に惣菜店を開いた。2011年には、田村氏が別の空き店舗を借り、家具とコーヒーの店に転貸した。2012年には、田村氏が同組合に掛け合い、店舗の賃貸契約を依頼し、陶磁器工房が開店した。これら新規店の出現により、沼垂市場はタウン誌などに取り上げられ、沼垂市場の変化の兆しが人々に知られるようになった。

　沼垂市場への新規店舗の出店を拒んでいた同組合も、組合員の高齢化によって維持管理が難しくなっていた。田村氏は、何度も組合側と沼垂市場の今後について話し合い、同組合の解散を機に、銀行から融資を受け、沼垂市場の店舗として使用されていた長屋7棟と土地を全て購入した。2014年3月、㈱テラスオフィスを設立し、自ら家守として沼垂市場の再生に着手した。図2は、2013年の沼垂市場で新しい店舗が出店し始めた時の状況である。2015年4月には、空き店舗の全てが埋まり、名称を改め、昭和の雰囲気の町並みを残す「沼垂テラス商店街」として再生した。

　リノベーション事業では、物件の所有者と賃貸希望者が存在し、所有者から賃貸希望者へ物件を流通させる橋渡し役として、不動産会社や家守などが介在する。しかし、不動産所有者の同意を得るのに時間を要し、所有者の同意を得

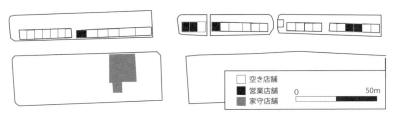

図2　沼垂テラス商店街の状況（2013年）
聞取り調査により作成．

られないため、新規流入者がリノベーションによる活用を断念する場合もある。田村氏が銀行から融資を受け、東新潟市場協同組合より長屋7棟を購入したのも、同組合の規約により空き店舗があっても新規事業者が借りることができなかったことに起因する。家守の役割を担っていた田村氏が、自ら不動産所有者となったことで新規出店を促進することができた。

(2) 沼垂テラス商店街の家守業

　沼垂テラス商店街における家守業には3つの特徴がある。一つめに、家守が自ら私財を投じて対象物件の一店舗（写真1右）の所有者になったことである。その理由について田村氏は、「自分が生まれ育ったところが、より楽しく面白い場所になるといいという思いが、ずっとありました。頭で考えているだけでなく、まず自分で何かを動かしてみれば、変わる部分もあるだろうという思いから、惣菜店を始めたら新規出店の流れができました」[5]と語っている。

　二つめは、家守による他の出店者への起業支援である。先述の2011年に転貸した家具とコーヒーの店（写真1左）を営むオーナーが、出店を希望した際に、「できることはなんでも応援するよ」と声を掛け、東新潟市場協同組合から店舗を借りて転貸したのもその一つである。田村氏は、開店に向けて改修作業も一緒に行った。沼垂の雰囲気に興味をもった陶磁器工房のオーナーが物件を借りる時には、田村氏は「店舗を借りるのは、これで最後だから」と東新潟市場協同組合に掛け合い、新たに店舗を借りられるようにした。その後も田村氏は、新規出店者に対して、資金繰りや改修について相談に乗り、金融機関や改修業者の紹介を行ってきた。

　三つめは、家守自らが沼垂市場の長屋と土地を購入し、テナントの選定を行ったことである。田村

写真1　2010年に田村氏が購入した店舗で始めた惣菜店（右）と田村氏が長屋の借主として転貸したオリジナルメイド家具とコーヒー店（左）
（2024年1月6日筆者撮影）

氏が支援した店舗により、沼垂市場は 30 歳前後の若い店主たちの個性的な店がある市場として、新聞などに取り上げられ、注目されていた。そのため、新規店舗募集の広告を出さなくてもテナントの応募が 60 件近くあった。田村氏は出店希望者と面接を行い、商売の目的、人物などを見極めた上で、①沼垂で生活する人に必需品が揃う店、②ここにしかない店の 2 つの観点で出店者を選定した。ここにしかない店とは、わざわざ沼垂テラス商店街まで足を運んでもらえる店という意味である。新潟駅から徒歩 5 分の万代シティ（図 1）やロードサイド型のショッピングモール内の店舗は、全国チェーンの店舗が多く、どこででも買えるという欠点もある。それに対抗するのが、ここにしかない店である。

　沼垂テラス商店街の空き店舗のような遊休不動産をリノベーションするには、補修・改修費用を所有者と賃貸希望者のどちらが負担するのかが問題となる。リノベーションが積極的に進められている大阪市空堀地区では、①住宅補修の資金を所有者と入居者の両者が負担する共同出資方式、②改修費用を安く抑えるために住宅基礎部分の補修は専門家に依頼し、壁の塗装などその他の部分は所有者や入居予定者が行うセルフビルド方式、③所有者から家守が店舗や住宅を借り上げ、入居者の斡旋、店舗の運営、管理をすべて行い、賃料を所有者に支払うサブリース方式の 3 つの方式で補修・改修費用を確保している（原田 2011）。沼垂テラス商店街においては、不動産所有者の田村氏が家守として、賃貸料の設定、補修・改修費用の負担者の設定、店子の選定などを行ったため、所有者と新規出店者の間の調整が不要になった。補修・改修費用は賃貸希望者が負担するセルフビルド方式で、改修費用は概算で 100 〜 200 万円の資金が必要である。改修費用は掛かるが、賃料は、幅約 1.8m、面積約 5 ㎡のスペースの店舗で月 1 万 3,000 円に抑えられていた。

4. 沼垂テラス商店街の店舗と店主

　2015 年 4 月に沼垂テラス商店街は、28 店舗が全店舗オープンした（写真 2）。店舗は、飲食、カフェ、ジュエリー、フラワー、総菜、青果、生鮮食料品、ベーカリー、陶芸工房やガラス工房、北欧雑貨、デザイン事務所のアトリエ、古本、

第 7 章　家守によるリノベーションと市場の再生

写真 2　沼垂テラス商店街
（2015 年 7 月 5 日筆者撮影）

写真 3　中古の足場板の資材販売とオーダー　写真 4　とんぼ玉体験ができるガラス雑貨の店
品の製造を行う店　　　　　　　　　　　　　　（2016 年 2 月 6 日筆者撮影）
　　（2015 年 7 月 5 日筆者撮影）

古道具、健康サロンなどである。業種別にみると小売店 10、工房 9、飲食店 4、サービス業 1、その他オフィス 2 となる。

　沼垂テラス商店街の店舗の特徴の一つめとして、古物を扱う店舗が多い。古本を扱う店、机や棚などインテリアを作る資材として工事現場の足場だった木材を扱う店（写真 3）、1960 年代から 1980 年代までの北欧の布を加工して雑貨を作り販売する店や昭和レトロな雑貨を扱う店など、古い長屋の雰囲気にあった店の出店が多い。

　沼垂テラス商店街の特徴の二つめに、工房を営む店が多い。使い勝手のいい工房を設置するためには、自由に改修できることが大切な要素となる。とんぼ玉体験ができるガラス雑貨の店（写真 4）の店主は、「自分の居心地のいい空

139

写真5　古い建物に古い物を重ねたコーヒー店
(2016年2月6日筆者撮影)

間を自分で作れる良さが、リノベーションにはある。賃料が安いので工房を併設することもできた。」という。2014年12月の開店までの3カ月半で、店主は全て自分で改修を行った。壁もくり抜き、ガラス窓をはめ、棚や作業スペースも自分で作ることにより、モノの収納場所など、使い勝手の良い空間をわずか50万円の改修費用で作りあげた。

　オーガニック栽培コーヒー豆と手作りナチュラルクッキーの店主は、半年の期間を費やし、沼垂テラス商店街で先に出店していたオーナーたちと店舗のリノベーションを行った。その店にあった廃材を使用し、学校で使われていた壁掛け時計、浴室の扉など、古いものどうしを重ねて店の内装を仕上げた（写真5）。古い建造物に古い物を重ね、独特の空間を作り出し、店主のこだわりの豆と焙煎方法で、オリジナルのコーヒーを提供する。こうしたこだわりにより、人々がわざわざ訪れたくなる店として、多くの人々で賑わっていた。

　10年間閉まっていた元時計店で写真関連の新刊と古本の販売ならびに展示会やイベントを営んでいる店主は、開業するにあたり物件にこだわった。「古い物件にこだわったのは、古本が古い建物に似合うから。古い建物は、年月を経たから出てきた風合いが美しいと思います。クロスの黄ばみも可愛い」とその良さを語った。

　沼垂テラス商店街の特徴の三つめは、ワークショップやイベントの実施である。オーガニック栽培コーヒー豆の店主は、手編みの創作作家のワークショップの支援を行っている。その理由は、「彼女の手編みの技法を伝えたいという

夢の役に立ちたいと思って」と、自分が店を出す時に様々な人に応援してもらった、そのご恩返しも兼ねているという。ガラス雑貨の店では、店主によるトンボ玉の作成やヴェネチアンガラスを使った小物制作のワークショップが行われ、2016年8月の単月で150名の人々が体験する人気のワークショップになった。写真関連の新刊と古本店では、写真家のトークショーや撮り歩きのイベントを行い、写真を中心としたワークショップを行っていた[6]。

　沼垂テラス商店街においても、ローワーマンハッタンの場合と同様に、アーティストが古い建物や倉庫を賃料の安さや広い間取りで物件の改装が自由にできることを好み（ズーキン 2013）利用している。建物の古さは、制作活動に刺激を与え、業種が異なっても古いものの価値を共有できる人々が集まり、互いに刺激を与える存在になっている。陶芸工房の店主は、「昭和にタイムスリップしたような」長屋に興味をもった。店主の妻も、「最初に見た時はいつの時代かとびっくりしました。逆に新鮮で面白いと思った」とその印象を語っていた[7]。

　沼垂テラス商店街で新規に店舗を構えた人々には、大阪や東京など県外出身者も多い。1400年余りの歴史をもつ沼垂で新たに商売ができるのは、テナントの所有者の田村氏の家守としての支援と地域の人々の気質による。沼垂で生まれ育った人の話では、沼垂に住む人々を「沼垂もん」というが、「来るものは拒まず、去る者は追わず」という土地の人の気質があり、さまざまな価値を持った人でも、「沼垂が好きだ」と言う人には、沼垂の人々は、分け隔てなく接するという。このような地域の寛容性も、旧沼垂市場が沼垂テラス商店街として再生できた要因の一つである。

5. 沼垂テラス商店街の効果

（1）新たな顧客層の獲得

　沼垂テラス商店街では、㈱テラスオフィスの企画により、月に1回、第一日曜に朝市を開催している。沼垂テラス商店街のテナント以外の外部の店も路上で販売が行われるため、沼垂テラス商店街へ訪れる人々にとって、新しい店の

第 3 部　リノベーションまちづくりと地域の再生

写真 6　沼垂テラス商店街の朝市
（2015 年 7 月 5 日筆者撮影）

発見の場になっていた。2015 年 7 月 5 日開催の朝市は、家族連れや女性のグループなど若い世代で賑わっていた。沼垂界隈は、シニア層が多く居住しているが、朝市に訪れている人々に話を聞くと、客層は近隣の居住者だけではなく、散歩をかねて 20 分程歩いて来た人、近郊から車で訪れる人など、様々であった。田村氏の話によると、2015 年 5 月の朝市には 1,000 人程が市内外から訪れている。朝市のない 2015 年 7 月 6 日の平日でも、ベーカリー店にはたえず客があり、古道具と古家具を扱う店も午前 11 時過ぎに女性グループが買い物をしていた。金曜から日曜は、学生などの若い客で賑わっている。田村氏によれば、顧客は近隣が 3 割、近隣外が 7 割である。高齢者が多い沼垂地区に、沼垂テラス商店街は、家族連れや女性のグループなど、この地区を訪れなかった顧客層を開拓することに成功していた（写真 6）。

（2）地域の再活性化

　沼垂テラス商店街の再生において、家守である田村氏が 21 店舗を新たに誘致したことにより、沼垂地区に新たな雇用が創出された。また、田村氏が店舗を誘致する際に「ここにしかない店」にこだわったことで、個性的な店舗が集積し、「古くて新しい昭和レトロな商店街」として、地域ブランドが確立された。そして、沼垂地区を訪れたことのない 20 〜 30 歳代の若い人たちや家族連れなどの新たな顧客を集めた。地域ブランドとは、地域外部の人々の地域に対する印象や価値を高めることにより、観光客や転入希望者の増加や、特産品販売の増大、あるいは企業誘致の推進に貢献すること（久保田 2004）であるが、沼垂においても、沼垂を訪れる人々の数が増加し、地域に対する価値が高まったといえる。

　沼垂テラス商店街を管理運営する田村氏が起業した㈱テラスオフィスは、月に 1 回の朝市を開催し賑わいを創出した。それにより、新聞やタウン情報誌に

第 7 章　家守によるリノベーションと市場の再生

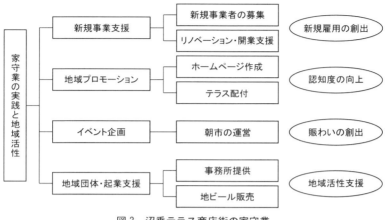

図 3　沼垂テラス商店街の家守業
聞取り調査により作成.

取り上げられ、沼垂地区の変化が、新潟市内外の人々の注目を集めるようになった。沼垂通り商店街の外部からの朝市への出店希望者も増え、2017 年 8 月 2 日（日）の朝市では、沼垂テラス商店街の店舗 20、外部からの出店希望者による路面店舗 31、合計 51 店が出店した。出店の状況を業種別に見ると、食料品関係が 26（50.9％）、雑貨が 19（37.3％）と飲食関連がほぼ半数であった。沼垂通り商店街の店舗以外の路面店舗への出店は、沼垂テラス商店街での集客状況を鑑み、自店舗の宣伝活動などを目的にするケース、開業準備段階で路面店での出店を機に、新規事業を検討するケースなど様々である。実際に、この路面店での出店を機に沼垂テラス商店街で開業を行ったケースもある。

　図 3 で、2015 年春に 28 店舗が全店オープンした沼垂テラス商店街の家守業とその効果を示した。田村氏が経営している㈱テラスオフィスでは、沼垂テラス商店街のホームページで、店舗単位のイベントの案内や商店街の日常を綴ったブログなどで情報発信を行い、沼垂地区の活性化を担う NPO 団体への事務所の提供や沼垂ビールの販売など地域団体や起業の支援も行っている。これらにより、賑わいが創出し、沼垂テラス商店街の認知度があがり、新規の雇用が創出されるという好循環が生まれていた。

143

第 3 部　リノベーションまちづくりと地域の再生

写真 7　2016 年 12 月開業のゲストハウス
（2015 年 7 月 5 日筆者撮影）

（3）沼垂テラス商店街の波及効果

　沼垂テラス商店街の家守の田村氏は、沼垂テラス商店街が開業した 1 年後の 2016 年に、近隣にある築 90 年（2016 年時点）の古民家を購入した。この古民家を、ゲストハウスの経営を希望する事業主と賃貸契約を行った。事業主はリノベーションを行い、ゲストハウスとして再生した（写真 7）。ゲストハウスの名前の由来は、大工用語の「なり」で、はじめからかっちりと、すべてを決めてやるのではなく、その場の空気、居合わせた人や状況を見て、流れに沿ってそこにあるもの全部で作っていく、という意味である[8]。キッチンのテーブルは廃材が利用され、大工によるオーダーメイドである。キッチンやシャワー室、トイレなどの水廻りは、近代的な物で整えられているが、共同洗面所の一つは沼垂テラス商店街で古道具・資材などの卸・販売を行っている古物商で調達し、もう一つの洗面台は、同じく沼垂テラス商店街の店舗に製作を依頼したものである。洗面台の上には、沼垂テラス商店街の店舗で製作したことが示され、ベッドサイドのタペストリーも同じ店舗に依頼したものだった。このように沼垂テラス商店街の店舗と連携してゲストハウスの改修が行われた。ゲストハウス内の随所に、協力してもらった各店舗への感謝の気持ちがメッセージカードに記されていた。

6．メディアの取材の増加と観光地化

（1）メディア掲載数の増加

　沼垂テラス商店街の取組みは、第 6 回（2015 年度）地域再生大賞の準大賞に選定された。地域再生大賞とは、地域活性化に取り組んでいる団体の支援として、全国の地方新聞社と共同通信社が設定した賞である[9]。メディアで取り

上げられていた沼垂テラス商店街は、全店開業後、わずか10カ月で受賞したことにより、さらにメディアに取り上げられる機会が増えた。2016年1月から11月までのメディアへの露出は、情報誌・専門誌9、新聞9、テレビ8の合計26になり、取材されるメディアも地元のメディアから全国メディアへと拡大した。地元のメディアが大半ではあるが、NHKの昼の情報番組で全国放送されるとともに、『るるぶ　新潟　佐渡'17』に掲載されたことにより、県外からの観光客が沼垂テラス商店街を訪れるようになった。

　新潟駅から徒歩圏内には主だった観光施設はなかったが、沼垂テラス商店街が「昭和レトロな商店街」としてメディアに取り上げられたことにより、観光客が訪問する場所へと変化した。

（2）行政による環境整備

　旧沼垂市場をリノベーションした沼垂テラス商店街の再生は、新潟市や中央区などの行政の支援を受けずに行われていたが、沼垂テラス商店街が地域創生大賞の準大賞を受賞し、メディアに多く取りあげられたことにより行政も注目し、その支援を受けられるようになった。支援策の一つとして、2017年4月に公衆トイレが設置された。以前の公衆トイレは男女共用の和式トイレで、築約40年と老朽化し、高齢者や女性と子どもには利用しにくく、かねてから沼垂テラス商店街と地域住民が、新潟市に改修を要望していた。トイレは住民の意見を取り入れ、景観に調和するよう和風のイメージで設計され、男女別々となったほか、多目的トイレに乳児のおむつ交換台も設けられた[10]。また、沼垂テラス商店街を示す標識が取り付けられるなど、行政の支援がなかった地域が、支援を受けられるようになった。

7.　沼垂テラス商店街の家守業

　沼垂テラス商店街は、家守が自ら不動産所有者になり旧市場をリノベーションすることにより商店街へと短期間に再生させた。再生できた理由として、次の3点がある。

一つめは、沼垂地区の認知度の向上である。高齢化が進み、近隣の商店街も空き店舗が多く、地域外から訪れる人が少なかった沼垂地区に、家守が自ら不動産所有者となって、工房や雑貨店、古いものを活用した店など個性的な店舗を再び集積させた。この変化が、「昭和レトロな雰囲気の沼垂テラス商店街」として地域内外の人々に認知された。それにより、沼垂地区への訪問客が増え、月に1回の朝市では1,500人前後を集客し、週末にも家族連れや学生など、これまで沼垂地区を訪れたことのない人々が訪れるようになった。

二つめは、不動産所有者による家守業である。不動産所有者とテナントの入居希望者の間で、賃料や改修などについて交渉を行う家守の役割は、本章の事例では、家守が自ら不動産を購入したことで、交渉を行わずに家守の判断で沼垂テラス商店街を運営することができた。運営を行っていくうえで、家守がこだわったのは、テナントの選定であった。近隣で生鮮食料品が購入できなくなった地域の人々が、「日常の買い物ができる店」と地域外の人々が訪れる「ここにしかない店」である。

また、新規事業者が各店舗を改修する際には、店舗の外観は「昭和のレトロな雰囲気を損なわない」というルールを設定し、旧沼垂市場の昭和の雰囲気を保ち、それを沼垂テラス商店街の魅力として広報する戦略を実施した。昭和レトロな雰囲気に魅かれて、初めて店を持つオーナーたちは半数を占める中、家守は開業資金の工面の仕方や店舗の改修の相談にのり、時には改修作業を手伝うなど、自身が開業した時の経験をもとに、オーナーたちが早期に店舗を開店できるように支援した[11]。

三つめは、沼垂地区の再活性化である。旧沼垂市場を沼垂テラス商店街として再生させたことにより、沼垂地区に店舗のオーナーや従業員などの新規雇用をもたらした。また、新聞や地元のメディアやテレビなどに取り上げられることにより、沼垂地区が注目を集め、移住希望者も出てきた。2015年4月の沼垂テラス商店街の全店オープン後も、出店希望者が続いていたが、空き店舗がないため断る状況であった。㈱テラスオフィスは、2015年冬より、周辺の沼垂通り商店街の空き店舗や空き家を活用した「沼垂テラス・エフ」を運営している。沼垂テラス・エフに入居する店舗を、沼垂テラス商店街のサテライト店

と位置付け、沼垂テラス商店街の店舗と同様に開業支援や広報支援を行っている。このように沼垂テラス商店街は、沼垂通り商店街へも新規事業者の参入をもたらした。先述の写真関連の新刊と古本店とゲストハウスも、沼垂テラス商店街のサテライト店である。2017 年冬には、沼垂テラス・エフに靴の修理とクラフトビールの店が開店した。8 割が空き店舗となっていた近隣の沼垂通り商店街においても、新規事業が生まれている [12]。

8. 地域住民への影響

　旧市場の長屋のリノベーションによる沼垂テラス商店街としての再利用は、沼垂地区への訪問者を増やし、沼垂地区のイメージを向上させた。沼垂地区におけるこのような変化を、地域住民がどのように受け止めているのかを検証した。

　沼垂テラス商店街の店主の話によると、朝、出勤すると店舗の前にゴミが置かれたり、沼垂テラス商店街を訪れた客の違法駐車のことで、営業中に近隣の住民から苦情が出たこともあるという [13]。沼垂テラス商店街があるこの地域は、もともと寺町で、周囲は 7 つの寺院に囲まれている。沼垂テラス商店街が全店オープンするまでは、旧市場に訪れる人も少なく、静かな地域であった。その静寂を壊すものとして、沼垂テラス商店街をみている人もいた。大阪市中央区空堀地区においても、空き家を活用した店舗が集積し、旧住民と新規事業者がことばを交わす場がなかった時には、新規事業者たちの活動に対して誤解が生じ、旧住民が不信感を持つこともあった。空堀地区では、まちなみ修景補助事業（HOPE ゾーン事業）を検討する協議会が結成され、直接話し合いが行われるようになったことをきっかけに関係が改善されている（柴田 2006）。沼垂テラス商店街においても、近隣との話し合いの場が必要な状況になった。

　一方で、沼垂テラス商店街の存在を、地域再生と受け止めている住人もいる。新潟日報（2015 年 3 月 21 日）に新潟市中央区居住の 60 歳代からの「読者投稿」において、沼垂テラス商店街による地域再生を称える投書が掲載された [14]。その投書には、かつての沼垂は映画館やパチンコ店などの商店や市場

第3部　リノベーションまちづくりと地域の再生

が軒を連ねて活気があったこと。その後、人の流れが変わり、さらに郊外に大型店舗の進出が相次ぎ、沼垂界隈の店舗も後継者不足や店主の高齢化等で、空き店舗が目立つようになったこと。そうして廃れた商店街の再生に取り組んだのは、行政でなく市民であり、まちを愛する心と情熱があれば再生できること。旧市場は「沼垂テラス商店街」と命名され、テラスは沼垂のまちを明るく照らし、にぎやかにしたいという願いであったが、その通りになったと記されていた。

9. 遊休不動産の再利用とリノベーション

　沼垂テラス商店街としての旧沼垂市場の再生は、一人の篤志家が自ら旧市場の長屋を購入し、不動産所有の家守として個性的な店舗の集積を行い、そのために新規事業者の起業支援を行い、朝市のイベントによる集客や広報活動を行ったことにより実現した。

　沼垂テラス商店街では、オリジナルメイドの家具や陶磁器工房など、創作作家が開業し、カフェを併設した店舗で創作活動を行っていた。アーティストたちが惹かれたのは、①賃料の安さ、②創作活動のできる空間（間取りの広さや使いやすい間取りに変更できる利便性）、③創作活動を刺激する歴史的建造物がもつ魅力であった。新規事業者が沼垂テラス商店街で商売をはじめた要因の一つに、賃料の安さもあるが、それ以上に沼垂テラス商店街が醸し出す、昭和の雰囲気に惹かれての起業である。昭和の雰囲気に惹かれる新規事業者たちは、古い建造物に古い内装を施し、こだわりの商品を提供するなど、ここにしかない空間を創出していた。ここにしかない商品とここにしかない空間が、新潟市内外の人々の興味を引き、多くの人々が訪れる地域へと変化した。歴史的建造物のリノベーションは、物件そのものに新たな価値を生み出すだけではなく、新しい事業を生み出した。また、新規事業者たちは、相互の商いに関心を持ち、開業の手伝いや他店舗の宣伝を行い、他店舗の商品を積極的に使用するなど、新規事業者たちが自発的に連携している側面も確認できた。

　その一方で、旧市場の遊休不動産を活用したことにより、地域の生活空間に変化が生じた。沼垂テラス商店街の再生により、地域に賑わいが生じ、交流人

148

口が増えた。その結果、寺町の中で生活していた地域住民の静寂が妨げられ、沼垂テラス商店街を訪れる客の違法駐車などを快く思わない近隣からの苦情が生じた。地域住民と共存していくためには、沼垂テラス商店街への期待と問題について、地域住民と意見交換を行う場が必要とされた。

　沼垂テラス商店街において、家守である田村氏が最終的に望んでいるのは、沼垂地区の再生である。沼垂商店街の空き店舗や空き家が埋まり、田村氏の幼少の頃のように沼垂地区に多くの人が居住し、商店街に活気が戻ることである。そのためには、沼垂テラス商店街の新規事業者との定期的な話し合いの場を設定し、沼垂テラス商店街の運営や沼垂地区の課題などについて相互に理解を深めることが望まれる。

［付記］

　沼垂テラス商店街の店舗については、2015 年～ 2017 年時点の情報であり、2024年 6 月時点で移転している店舗が複数ある。

注

1）安全安心 map「新潟の安全情報」による。
　http://www.ananmap.com/niigata/201510/（2017 年 11 月 12 日最終確認）
2）平凡社地方資料センター編（1986）『新潟県の地名』平凡社による。
3）国勢調査 1995 ～ 2010 年による。
4）新潟市合併町村史編集室編（1980）『新潟市合併町村の歴史』新潟市による。
5）GATA ポスト（2014）「【特集・沼垂】沼垂市場通りの仕掛け人、田村寛さんに聞きました－前編－」2014 年 9 月 25 日配信による。
　http://www.gatapost.com/kurashi/2014nuttariichiba_open09/（2015 年 10 月 2 日最終閲覧）
6）「taruhi glass works」、「HOSHINO koffee & Labo」、「books f3」各オーナーからの聞取り調査による（2016 年 1 月 5 日実施）　。
7）読売 ONLINE（2013）「長屋に若い世代の店」2013 年 4 月 26 日配信による。
　http://www.yomiuri.co.jp/local/niigata/feature/CO004155/20130426-OYT8T00190.html（2015 年10 月 2 日最終閲覧）
8）ゲストハウスのオーナーからの聞取り調査による（2016 年 12 月 28 日実施）。
9）地域再生大賞：地域づくりに取り組む団体にエールを送ろうと、地方新聞社と共同通信社が 2010 年度に設けた。各紙が都道府県から原則 1 団体ずつ計 50 団体を推薦し、専門家でつくる選考委員会が審査にあたる。これまでに表彰した団体は計 350 団体に達した。活動分野は産業振興や景観保護、子育て支援など多彩で、地域を考える輪が広がっている。

149

第3部　リノベーションまちづくりと地域の再生

10）にいがた、びより「沼垂テラスはおむつ替えも安心。公衆トイレ改修、和風イメージな木造に」2017 年 4 月 9 日配信による。

　　http://www.niigata-nippo.co.jp/biyori/odekake/063107.html　（2017 年 9 月 5 日最終閲覧）

11）沼垂テラス商店街の家守からの聞取り調査による（2016 年 12 月 28 日実施）。

12）沼垂テラス商店街の近隣に点在する「沼垂テラス・エフ」は 9 店舗ある（2024 年 6 月 9 日時点）。

13）沼垂テラス商店街内のテナント事業主 A 氏からの聞取り調査による（2017 年 5 月 21 日実施）。

14）新潟日報（2015）「窓」2015 年 3 月 21 日付けによる。

150

第8章

リノベーションによる中心市街地の再生
－新潟市上古町商店街－

1. リノベーションと中心市街地の再生

(1) 遊休不動産の再利用

　遊休不動産の再利用による地域再生は、1970年代初めに、アメリカ合衆国やヨーロッパで製造業として栄えていた地域が衰退し、使用されなくなったロフトの居住用への転換（conversion）による不動産市場の活性化から始まった。使用されずに放置されていた工場や倉庫を活用したこの新しい居住スタイルは、アムステルダムの運河沿いやロンドンのドッグランド、ニューヨークの工場地帯に出現し、やがて、ボストン、フィラデルフィア、ガルベストン、ポートランドなど、荒廃していた地域に拡がった（Zukin 1989）。このように欧米諸国では、早くから遊休不動産の再利用が衰退した地域の再生のきっかけとなっていた。

　遊休不動産のリノベーションによる地域再生の効果としては、新規事業店舗数の増加（原田 2011、矢吹ほか 2014）、新規事業者の流入（池田 2016）、個性的な店舗の集積による地域のブランド化ならびに交流人口の増加（前田・瀬田 2012）、新規居住者の増加（矢吹ほか 2014）などで示されている。このような効果により、リノベーションによる遊休不動産の再利用は、まちづくりや地域の再生の方策の一つとみなされている。

　その一方で、これらの研究が特定の地域の局地的な事例報告となり、衰退した中心市街地の再生の方策としての検証にまでは及んでいない。地方都市で

151

第3部　リノベーションまちづくりと地域の再生

は、中心市街地から大学や病院などの公共施設の移転、周辺市街地に開発された住宅地、さらには主要街路沿いに大規模な駐車場を備えた大型店の進出により、中心市街地の衰退が続いている（藤塚 2016b）。2006 年にまちづくり 3 法が改正され、各自治体による中心市街地活性化法に基づく基本計画の策定により、①市街地の整備改善、②都市福利施設の整備、③まちなか居住の推進、④商業の活性化などに対して、補助金などの予算措置や税制支援などの支援措置がなされた。そして、中心市街地活性化基本方針により、おおむね 5 年以内に達成する目標として、小売業の年間商品販売額、歩行者通行量、居住人口等の目標指標の設定が求められ、支援措置への評価の視点が採用された（荒木 2016）。しかし、その効果は芳しくない。「施設入込数等」や「公共交通機関利用」は、その主体が行政であることが多く、事業が計画通りに行われているため達成数値が高くなっているが、一方、「空き店舗」「販売額」「通行量」については、いずれも悪化している割合がもっとも高くなっていた[1]（川崎 2013）。このように、中心市街地のハード整備を主として対策を行っても効果は得られない（佐々木・杉本 2014）とされている。

（2）中心市街地活性化基本計画による地域再生

　中心市街地活性化基本計画に基づく支援措置は、目標の指標が達成できず、中心市街地の再生として効果を及ぼさないのか。どのような条件が付加されれば効果を生むことができるのか。本章では、中心市街地活性化基本計画に基づき、支援措置が施された地域の中で、遊休不動産のリノベーションによる再利用が活発に行われている地域を対象に検証する。先術のように遊休不動産のリノベーションによる再利用は、新規事業店舗数の増加や交流人口の増加などに効果があると示されている。本章では、遊休不動産のリノベーションによる再利用が、中心市街地活性化基本計画の支援措置の効果を高める方策となり得るのではないか、という仮説に基づき検討した。検討するにあたり、中心市街地活性化基本方針の改善指標における「空き店舗数」と「通行量」に着目し、新潟市中央区の古町地区にある上古町商店街を対象とした（図1）。2008 年 3 月 12 日に認定された「新潟市中心市街地活性化基本計画」における新潟市の中心市

152

第 8 章　リノベーションによる中心市街地の再生

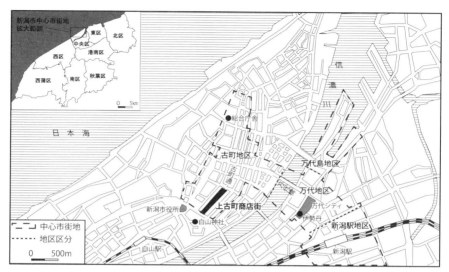

図 1　新潟市の中心市街地と上古町商店街
筆者作成.

街地は、古町地区、万代島地区、万代地区、新潟駅地区の 4 地区と定められている。古町地区は、高度成長期以前までは人口が集中し、その近辺には新潟県庁、県会議事堂、新潟市役所、新潟大学などの主要な都市機能が集積し、中心市街地として栄えていたが、1980 年代に新潟県庁や新潟大学が移転し、中心市街地の衰退が顕在化した地域である。この古町地区にある上古町商店街は、リノベーションによる空き店舗の活用が行われ、個性的な店舗が集積している地域で、空き店舗が解消し、通行量も回復している。また、「新潟市中心市街地活性化基本計画」において、「上古町商店街アーケード再生整備事業」と「上古町商店街魅力向上パッケージ事業」の 2 つの支援を受けた地域でもある。

上古町商店街における既往研究としては、新規事業主の特性（益子ほか 2009、大図ほか 2011）や店舗の特性（高橋ほか 2009）については示されているが、中心市街地の再生としての検討は行われていない。

先行研究において、中心市街地活性化基本計画に基づく支援措置は、空き店舗の解消や通行量の回復においては効果がないと示されている中、上古町商店

第3部　リノベーションまちづくりと地域の再生

街では、なぜ空き店舗が解消し通行量が回復したのか、について示す。具体的には、①上古町商店街の取組み、②上古町商店街の業種の変化、③新規事業主の特性、④地域に及ぼす影響について示す。そして、中心市街地活性化基本計画に基づく支援措置を効果的にする遊休不動産の再利用のあり方について記述する。

2. 古町地区の衰退と上古町商店街

　新潟市中央区にある古町商店街は、総鎮守白山神社を起点に1番町から13番町まで連なる商店街である。白山神社に近い方を上として、古町通1番町から4番町は、通称、上古町商店街と言われている。上古町商店街の歴史は長く、寛永のはじめ（1620 〜 1630 年代）に、一番堀に白山祭や白山神社の境内について強い発言力のある七人の衆を中心に、白山神社の門前で商売を行う湊町商人としての歴史がある（沢村 2005）。新潟駅からはおよそ2 kmの位置にあり、新潟駅からのアクセスは、主に公共バスとなる。

　古町地区は先述のように新潟市の中心市街地として古くから栄えていたが、1973 年に信濃川の対岸、新潟駅から北へ 700m 程の万代シティを起点として万代地区の開発が進んだため、古町地区の商業機能が低下した。また、1980 年代に新潟県庁や新潟大学が移転し、1990 年には古町の衰退が顕在化した（松浦ほか 2014）。古町地区の衰退は、1980 年からの新潟駅南口の再開発、高速道路やバイパスの開通に伴う大型店の郊外進出などにも起因している。

　古町地区の衰退とともに通行量も減少した。図2は、上古街商店街内の古町通3番町の通行量の変化である。1979 年から 1982 年にかけて新潟大学の工学部と教育学部が五十嵐キャンパスに統合移転したのをきっかけに、1981 年には1日2万 628 人だった通行量が、1982 年には 9,159 人に減少し、2007 年には 2,455 人となった。1981 年と比較して 88％の減少である[2]。

　さらに、1984 年には万代シティに新潟伊勢丹が開業し（図1）、万代シティへの集客力を高めた。1989 年には新潟市役所が学校町通1番町（旧新潟県庁）に移転したことにより、通行量の減少に拍車をかけた。また、中央区内の郊

154

第 8 章　リノベーションによる中心市街地の再生

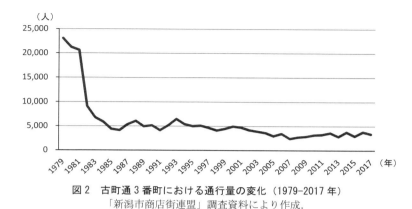

図 2　古町通 3 番町における通行量の変化（1979-2017 年）
「新潟市商店街連盟」調査資料により作成.

外における大型店舗数が、2000 年から 2010 年の間に 106 店舗から 169 店舗と 59.4％増加し[3]、中心市街地への求心力はますます低下した。

　その結果、上古町商店街内の空き店舗数は、2007 年時点で 21 店舗となり商店街の賑わいが失われていた。

3．クリエイターによる地域再生

(1) アーケードの改修と湊町商人の精神

　2007 年に空き店舗が 21 軒あった上古町商店街が、2012 年には、空き店舗数 4 軒へと改善した。また、通行量は 2007 年の 2,455 人から 2016 年には 3,844 人へと回復している。空き店舗や通行量が改善した要因の一つめは、アーケードの改修である。古町通 5 番町から 13 番町までは天井が全て覆われた全天候型のアーケードになっているが、上古町商店街（古町通 1 番町から 4 番町）の間は全天候型のアーケードになっていない。両脇の商店街に面した分離型のアーケードである（写真 1）。そこには、白山神社への信仰と雁木の記憶があった。1955 年の新潟大火までは、新潟市内の各商店街に雁木があった。雁木とは、新潟県内の商店街において、雪が降りしきる時期でも通りを往来できるように商店街の店が軒を延長して設置されたいわゆる屋根の延長にあたる木製の覆いである。

155

第 3 部　リノベーションまちづくりと地域の再生

写真 1　上古町商店街の分離型のアーケードと歩道
（2014 年 8 月 13 日筆者撮影）

　上古町商店街が全天候型のアーケードを採択しなかったのは、白山神社への信仰に起因している。1950 年代に設置されたアーケードは老朽化が進み、漏電の危険から東北電力から電気を止めると勧告された区域もあった。改修か撤去を迫られていたが、改修に必要な補助金の獲得を目指し、2004 年にまちづくり推進協議会が設置され、2006 年に上古町商店街振興組合が生まれた。補助金を獲得し、アーケードを改修することが決まってからの 1 年間、上古町商店街のアーケードについて、組合員は議論を重ねた。その時に大切にしたのが、歩行者保護と白山神社への信仰である。全天候型のアーケードにすると、通りから白山神社が見えなくなる。白山神社の門前商店街として神社仏閣に守られながら商売を行ってきた歴史から、近隣の小路に住む高齢者にとって、通りから白山神社を拝める景観は重要であった。その景観を実現できるのが、雪国で風雪に悩まされることなく買い物が出来る雁木であった。

　アーケードの設置に関しては、50 回以上のワークショップを重ね、上古町商店街を訪れる人々にくつろいで貰うために、歩道の幅、色彩と照明にもこだわった。その結果、車道を狭め、歩道を拡張して車椅子がすれ違うことのできる歩道幅にし、自然な空間を演出するためにタイルを不揃いに配置することで、視覚的に柔らかな空間を創り出した。ダウンライトにはセラミックメタルハライドランプ、アッパーライトにはＬＥＤを使用し、落ち着いた光で店舗を見ることができるようにした。そして、2009 年 3 月にアーケードは完成した[4]。

　アーケードの設置にともなう資金は、新潟市中心市街地活性化基本計画による「上古町商店街アーケード再生整備事業」の補助金が活用されている。このアーケードの改修により、上古町商店街の薄暗い景観のイメージが一新され、

156

通行量が増え始めた。

（2）クリエイターを中心とした地域再生

　空き店舗や通行量が改善された要因の二つめは、2003 年から上古町商店街
で営業を開始した「hickory03travelers（ヒッコリースリートラベラーズ）」の代
表の迫　一成氏の活動によるものである。迫氏は、新潟大学で行動科学や社会
学などを学んでいたが、絵本を作りたいと思うようになり、週末ごとに東京
にあるイラストレーターや絵本作家の養成スクールに通った。大学を卒業後
は、スクールで出会った友人と自分たちで描いたイラストをシルクスクリーン
でプリントした T シャツの販売を始めた。迫氏は、出身地の福岡ではなく土
地勘のある新潟で創業し、当初は住宅とアトリエを兼ねた場所で T シャツの
デザインと販売を始めたが、なかなか結果は出なかった。そんな時に古町の地
下街にあるチャレンジショップに応募し、2 坪の店で T シャツの販売を始めた[5]。
チャレンジショップとは、古町の地下街内で実施している、独立を目指す人を
支援するために設けた店舗で、1 店舗あたり約 2 坪を低い賃料で提供していた[6]。
このチャレンジショップも、「ミニチャレンジショップ　ヨリナーレ　運営事
業」という中心市街地活性化基本計画に基づく支援措置である。
　1 年半後に開業資金が貯まり、迫氏は、新潟市の家賃補助制度を利用して、
古町通 3 番町の店舗を借りて商売を始めた。迫氏は、店舗を借りるにあたり、
家賃の 25％が補助される新潟市の空き店舗対策の助成金を活用した[7]。
　その頃、古町商店街の 1 番町から 4 番町は、それぞれの町内会で活動を行っ
ていたが、アーケード改修事業の検討のために、2004 年にまちづくり推進協
議会が発足した。迫氏は、上古町商店街の古参の事業主に誘われて同協議会に
参加し、やがて、上古町商店街のシンボルとしての商店街のロゴの作成、商店
街の活動を掲載した『カミフルチャンネル』のタブロイド誌の発行、商店街の
ホームページの制作を行うようになった。商店街の活動を商店街の内外の人々
が認識できるようにしたい、という迫氏の考えを、商店街の人々が受け入れ
ることにより、これらの活動が始まった[8]。その当時のことを、迫氏はインタ
ビューで次のように語っている[9]。

157

第3部　リノベーションまちづくりと地域の再生

「アーケードのリニューアルなどにむけて、任意団体だった1番町から4番町までの各商店会がひとつになって振興組合をつくろうというタイミングだったので、ロゴがあったほうがいいし、マップやホームページもあったほうがいい。商店街の方と話したり会議に出させてもらったりしているうちに、気づいたことを口で言うだけじゃ格好悪いから、やれることをどんどんやっていったんです。たとえばカミフルチャンネルという"地図新聞"をつくったのは、それまでこのまちが何をしていたのか全然わからなかったからです。「そのイベントをやったのはいつのことですか？」と聞いても、「いつだったかなぁ？」という感じだったので、「いつ頃、何をしていたか」がわかるものを残さなければと思ったんです。」

このような活動を経て迫氏は、2006年に上古町商店街振興組合の発足時に理事に就任した。迫氏は、元酒屋の空き店舗を借り、知人のカメラマンや酒蔵で働く友人による「写真教室」や「日本酒教室」を実施し、音楽ライブやトークイベント、演劇公演やワークショップなどにより、上古町商店街に訪れる人々を増やした。そして、自身のネットワークを構築していった。多い時で、年間60のイベントが開催され、新聞や雑誌などで取り上げられる機会も増えた。その結果、上古町商店街は若い人のまちとして注目を浴び、空き店舗への新規出店が続いた[10]。この活動の資金の一つとして、新潟市中心市街地活性化基本計画にもとづく「上古町商店街魅力向上パッケージ事業」が活用されている。

2010年、迫氏は借りていた元酒屋が共同住宅用地として売却の話が出たのを契機に、店舗を購入して、hickory03travelersを移転し、さらに地域に根ざした活動を行うようになった。迫氏が上古町商店街にかかわったのは、①イベントを行うことにより人が集まり、人と人がつながることにより仕事の依頼が出てくる（ビジネス機会の創出）、②地域全体がよくなることが自分の店にとってもいい影響を及ぼす（集客効果）、③地域を拠点として自分たちの表現を展開していく（新規事業の創出）、といった考えに基づいている[11]。

このような迫氏を中心とした取組みにより、上古町商店街は、「カミフル」として認知されるようになり、「カミフル」＝「若い個性的な店主がおもしろい店を行っている」と市域内外の人々に認識されるようになった。

158

第 8 章　リノベーションによる中心市街地の再生

4．上古町商店街の業種構成と顧客

　図 3 は、2015 年時点の上古町商店街の店舗の業種構成である。1980 年時点で営業していた店舗で 2015 年も営業を続けているのは、2015 年の営業店舗 138 店舗中 18 店舗であった[12]。1980 年時点では、公設市場をはじめ、鮮魚店、青果店、精肉店などがあり、人々の日常の生活ニーズを満たす店舗が営業を行っていたが、2015 年時点では、最寄り品から買い回り品を扱う業種に変化し、大きなビルや駐車場の跡地は、共同住宅や専門学校へと建替えが行われている（図 4）。小売業の業種として衣料品販売が最も多く 26 店舗で、その内 10 店舗

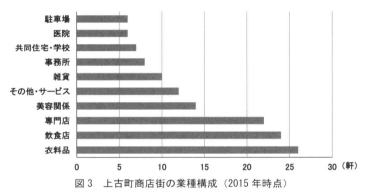

図 3　上古町商店街の業種構成（2015 年時点）
上古町商店街地図ならびに各店舗ホームページ、ゼンリン地図により作成．

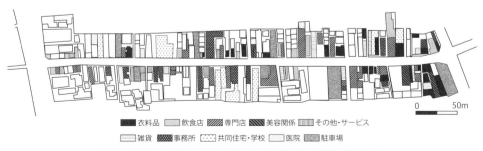

図 4　上古町商店街の店舗ならびに店舗跡地の業種（2015 年）
上古町商店街地図ならびに各店舗ホームページにより作成．

第3部　リノベーションまちづくりと地域の再生

が古着を扱っている店舗である。次に多いのが飲食店の24店舗、専門店22店舗、美容関係が14店舗である。全国の地方都市で、消費者のライフスタイルが変わり、消費のサービス化、女性化により商業構造は変化している（宗田2009）が、上古町商店街においても、飲食店、美容関係、専門店など女性のニーズを満たす店舗が多い。女性のニーズを満たす店舗が多いが、上古町商店街は、20代から60代まで幅広い層を集客している。古着店には20代から40代の男性客が訪れ、和菓子店や総菜店はシニアを中心とした地元の固定客が利用し、雑貨専門店には、ここにしか手に入らない、こだわりの品々を求める30代の女性客などが利用する[13]。郊外の大型ショッピングセンターに出店しているナショナルチェーンとは異なる、個性的な店舗の集積の結果、多種多様な顧客層を獲得していた。

5. 新規事業者の志向と営業スタイル

　上古町商店街の新規事業者の特徴として[14]、①オリジナル商品の提供にこだわる、②顧客とのコミュニケーションを大切にする、③店舗間で連携している、④小売り以外の営業手段を確保している、⑤ Facebook や Instagram などのSNS を活用する、の5点があげられる。

　オリジナル商品を提供する代表的な店舗は、hickory03travelers である。オリジナル雑貨の製造・販売やクリエイターが製作した陶器などの日用品のセレクトショップとして、ここにしかない品々を求める顧客を上古町商店街へと誘引してきた（写真2）。hickory03travelers は、近隣の製造小売店と共同で商品開発を行い、新潟の伝統菓子「ゆか里（砂糖蜜をまぶしたあられ）」に「浮き星」とネーミングし、パッケージデザインや価格を検討し、全国200カ所で販売する商品にリデザインした。（写真3）。また、新潟のお米を新潟の伝統的な手ぬぐいで包んだおにぎり型のギフト「おむすび（お結び）」の開発など、新潟の伝統商品にデザインを施し、価格設定の見直し、販路の開拓などのリブランドを行っている。

　hickory03travelers が手掛けた商品は数々の賞を受賞し[15]、新潟市内外から

160

第 8 章　リノベーションによる中心市街地の再生

写真 2　hickory03travelers 店内　　　　　　写真 3　「浮き星」
（2018 年 9 月 21 日筆者撮影）　　　　　　（2018 年 9 月 21 日筆者撮影）

hickory03travelers の商品を求めて人々が訪問する。他にも糀のドリンクなどが楽しめる糀専門店、器のセレクトショップなど、上古町商店街にしかない店舗が集積した。

　顧客とのコミュニケーションに関しては、アロマとハーブの専門店では、当初、2008 年の開業当初にネット販売も検討したが、顧客の個別の意向を聞きながら、アロマやハーブをブレンドして販売することにこだわり、固定客を獲得していった。古着専門店では、古着の知識が豊富なスタッフを雇用し、対面による接客販売を重視している。器のセレクトショップは、オーナーが自ら出向き、全国の作家の作品を収集しているため、作家の作風や器の使用方法など、顧客と会話をしながら販売している。

　店舗間の連携として、アロマとハーブの専門店や生花と造花の専門店では、hickory03travelers にロゴの作成を依頼していた。これは、hickory03travelers と同じテイストにすることで、hickory03travelers に訪問している顧客の来店を促す目的もある。器のセレクトショップでは定期的に生け花やお茶会などのイベントや作家の展示会を開催しているが、上古町商店街内の老舗の和菓子店と共同で、「侘び」「寂」の美と和菓子というテーマで、ワークショップを継続的に行っていた。また、アロマとハーブの専門店が新潟土産として開発した商品をゲストハウスに設置して販売を行うなど、上古町商店街の古町通 3 番町を中心に、店主間の連携が活発に行われている。

161

第 3 部　リノベーションまちづくりと地域の再生

表 1　上古町商店街新規事業者営業スタイル

店舗	取り扱い	事業内容
A	生活雑貨	製造・販売、企画、デザイン、ブランディング
B	ハーブティとアロマ	製造・販売、エステ、スクール
C	フラワー	販売、スクール
D	器	販売、個展、ワークショップ
E	古着	販売、NET 通販（販売で多忙なため中止）

聞取り調査により作成.

　上古町商店街の新規事業者の営業スタイルは、店頭販売のみに頼らない方法である（表 1）。店頭での販売以外に、フラワースクールやアロマテラピースクール、店舗間で連携したワークショップ、個展などを実施し、買い物以外も楽しめる時間を提供している。古町通の外れにある上古町商店街は、顧客が目的を持って、わざわざ訪問をしてもらう必要がある。そのための情報発信として、Facebook や Instagram などの SNS を活用し、認知を高めている。そして、訪問した顧客と会話を重ねることにより固定客を獲得し、リピーターを確保している。

6.　上古町商店街の再生の効果

　上古町商店街の再生による効果の一つめは、空き店舗の解消である。2007年に空き店舗は 21 店舗あったが、2009 年には 8 店舗、2012 年には 4 店舗と大幅に改善し[16]、2018 年時点では空き店舗がない状態である[17]。また、通行量も、最も人通りが少なかった 2007 年の 2,455 人から 2016 年には 3,844 人まで回復した。古町の中心部で営業していた大和百貨店が 2010 年 6 月に閉店して、古町通り 7 番町の通行量は前年比 28％に減少したが、上古町商店街内の古町通 3 番町の通行量は 10.1％増加した（図 5）。

　さらには、hickory03travelers の「浮き星」のヒットにより、浮き星の製造にかかわるスタッフが 10 名雇用されるなど、新規雇用も生み出していた。

　2013 年度に新潟市により公表された「認定中心市街地活性化基本計画の最終フォローアップに関する報告」では、上古町商店街アーケード再整備事業の目標値を、「空き店舗の解消（21 店舗）による歩行者通行量 2,520 人の増加を

162

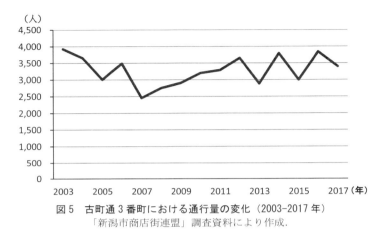

図5 古町通3番町における通行量の変化（2003–2017年）
「新潟市商店街連盟」調査資料により作成.

見込む」としていた。その目標値に対し、「空き店舗は17店舗が解消し、来客者による歩行者通行量2,040人が増加（推計）したが、目標未達成」と示されている。2013年時点では、未達成であるが、2018年9月時点においては、先述のように空き店舗は解消し、歩行者通行量に関しても、同報告がなされた直近の3,654人（2012年）から3,844人（2016年）へと増加している。

「上古町商店街には、2015年からさらにおもしろい店が出店するようになった」とS氏が言っていたように[18]、中心市街地活性化基本計画の支援措置が終了した後も、上古町商店街の商いは継続して行われ、空き店舗の解消や通行量については、改善されている。このように目標の達成については、評価期間の終了後も、継続してその変化を検証する必要がある。

7. 中心市街地の再生と観光地化

先行研究において、中心市街地活性化基本計画に基づく補助金などの支援措置は、空き店舗や通行量の改善には効果がない、と示されていたが、上古町商店街においては、2018年時点では空き店舗もなく、通行量も回復と一定の効果がみられた。以下、効果を導き出した要因についてまとめる。

中心市街地の衰退に対する取組みとしては、駒木（2016）において、①地域

住民からの中心市街地問題への関心発起、②メンバーと商店街との信頼関係の構築、③情報共有および情報発信の仕組み作りの整備、④行政や民間企業、地域住民からの有形無形のサポート、⑤多彩な専門知識・技術をもったメンバーの存在、⑥他のまちづくり活動とのゆるやかな連携と協賛企業からの資金の提供、といった点が重要な要素として示されている。

　上古町商店街においては、「上古町商店街アーケード再生整備事業」をきっかけに、上古町商店街振興組合が発足し、50回にも及ぶワークショップが開催された。このワークショップを通じ、古町通1番町から4番町で個々に活動していた事業主たちが、課題を認識し、「これからどのような商店街にしていきたいのか」について共通の認識を持つことができた。

　また、ハードの整備とともに、再生に向けたソフト事業への取組みは、新規事業者の迫氏を中心に、商店街のシンボルとなるロゴの作成、商店街の活動や個別店舗の情報発信、空き店舗でのイベントなどにより、同商店街が「若い人々が集まる場所、若い事業者が営むおもしろい店がある地域」として市域内外に認知されるようになった。このような新たな取組みを支援していたのは、従来から商いを行っていた古参の事業者である。古参の事業者の支援がなければ、新規事業者がイベントや情報発信などを行うことは出来なかった。こういった支援により、迫氏を中心とした新規事業者と商店街の信頼関係も構築されていった。また、中心市街地活性化基本計画に基づく支援措置を受け、実行する段階で行政や民間企業、地域住民からのサポートを受けている。このように、上古町商店街においても、駒木（2016）で示されている衰退した中心市街地に対する取組みの指摘事項と共通点は多く、これらは中心市街地活性化基本計画に基づく支援措置の効果を高めるのに必要な事項ともいえる。

　そして、中心市街地活性化基本計画に基づく支援措置の効果をさらに高めるのは、それを活用する人々である。すなわち、遊休不動産を再利用して新たな商売を始める新規事業主の存在である。衰退した地域で、賃料が低い（もしくは賃料の補助がある）空き店舗には、開業資金が押さえられることにより、新規事業主が流入しやすい。新規事業主たちは、個性的な（ここにしかない）商品の提供やワークショップなどの体験の場を提供する。このような個性的な店

第 8 章　リノベーションによる中心市街地の再生

舗が集積することにより、こだわりの商品や日常にはない体験を求める顧客を
呼び込むことができる。そして、人々がわざわざ訪れる場所になり、人々が訪
れることによりさらに新規店舗の開業が続く。

　このようなプラスの連鎖を生むために、従来からの事業主たちは、流入して
きた新規事業者を地域の次の担い手として地域再生の活動に巻き込み、新規事
業主たちが主体的に活動できる場の提供やその活動を受け入れる寛容性が必要
である。上古町商店街においては、新規事業主が行うイベントなどについて、
古参の事業者たちは、「私たちの時代は終わったので、口出しはしない。」と活
動を容認する寛容性があった。

　その結果、上古町商店街は郊外の大型店や万代シティのファッションビルと
は異なる「ここにしかない」店舗が集積し、「るるぶ」などの旅行雑誌にも掲
載された結果、訪れるべき目的地（観光地）になった。このように集客できる
場へと変容したことにより、個性的な店舗は入れ替わることなく新型コロナ禍
を経ても営業を続けている。

注
1)　内閣府地域活性化推進室が 2012（平成 24）年 9 月に発表した「中心市街地活性化基本計
　　画の取組みに関する平成 23 年度最終フォローアップの概況」に基づく。2011 年度末をもっ
　　て計画期間が満了となった 14 市の結果である。また、荒木（2017）においても、2012 年
　　度末をもって同計画が修了した 30 市町村について、合計 95 の目標指標のうち、達成され
　　たものは約 27％にとどまり、特に小売業の年間商品販売額と空き店舗率といった商業の活
　　性化に関する目標の達成率が低いことが指摘されている。
2)　新潟市商店街連盟「商店街歩行者通行量調査」による。
3)　新潟県ホームページ「大規模小売店舗一覧」より集計。
　　http://www.pref.niigata.lg.jp/HTML_Article/667/859/ H29.5tenpoitiran.pdf（2017 年 11 月 5 日最
　　終閲覧）
4)　新潟市上古町商店街振興組合 前専務理事からの聞取り調査による（2014 年 8 月 11 日・
　　12 日実施）。
5)　柴崎朋実（2016）「【インタビュー・前編】空き店舗だらけの商店街に、よそ者が吹き込
　　んだ風「hickory03travelers」迫一成さんの挑戦」YADOKARI、2016 年 5 月 19 日配信による。
　　http://yadokari.net/interview/43759/（2019 年 4 月 16 日最終閲覧）
6)　入居期間は原則 1 年（最長 2 年）で、出店者は期間内に仕入れや販売のノウハウなど商
　　売に必要な経験を積むことができる。新潟商工会議所まちづくり支援課が運営を実施して
　　いた。

165

第3部　リノベーションまちづくりと地域の再生

7）経済産業政策局 中心市街地活性化室「【まちをつくる仕事】迫一成さん（新潟市上古町
　商店街振興組合理事／ヒッコリースリートラベラーズ代表）前編」『まちづくり情報サイ
　ト　まちげんき』による。
　https://www.machigenki.go.jp/44/k-1736（2019年4月17日最終閲覧）
8）hickory03travelers 代表　迫 一成氏からの聞取り調査による（2018年9月21日実施）。
9）前掲7）。
10）前掲4）。
11）前掲8）。
12）1980年のゼンリンの住宅地図をもとに筆者調べによる。
13）hickory03travelers の従業員からの聞取り調査による（2018年9月21日実施）。
14）hickory03travelers、hana＊Kiku、ONE　DAY STORE、Candy by Kandy の各店舗の店主か
　らの聞取り調査による（2018年9月21日実施）。
15）2010年 新潟土産コンクール工芸部門金賞（OMUSUBI de Niigata koshihikari ＋ tenugui260）、
　2012年 新潟県知事賞　最優秀賞、2012年・13年・17年 NADC 準グランプリなどを受賞
　している。
16）新潟市（2013）「認定中心市街地活性化基本計画の最終フォローアップに関する報告」
　による。
　https://www.city.niigata.lg.jp/shisei/tokei/machisai_top/chuukatsu.files/follow-up-saisyu24.pdf
　（2018年11月25日最終閲覧）
17）前掲8）。
18）前掲8）。迫氏が示した「おもしろい店」とは器の専門店の「ハナミズキ」と古着専門
　店の「ONE　DAY STORE」である。

166

第9章

リノベーションプロジェクトと新規事業者
－長野県小諸市－

1. リノベーションによる地域再生

　2000 年代に入り、古い町並みの魅力や空き家の活用を地域内外に紹介し、空き家の再生を促進することでまちを活性化しようとする NPO 団体の活動が活発になり（柴田 2006）、リノベーションによる地域再生について学会などで報告されるようになった。リノベーションの推進者として、NPO 団体以外に様々な主体が存在する。2000 年代後半からは、不動産所有者とテナントの入居希望者の間で賃料や改修などについて交渉を行う家守（根本 2005）や、地区の交流ネットワークの再編などリノベーションを推進するために所有者と新規利用者の間で既存建築の有効活用を推進するまちづくり会社といったような、第三者のマネジメントの役割が矢吹ほか（2014）によって明らかにされた。家守に関しては、家守が自ら不動産を購入して所有者となり、地域外の人々に訪れてもらうために「ここにしかない店」を自ら選定し、地域を再生した事例（池田 2016）もある。

　このような空き家や空き店舗などの遊休不動産を再利用した取組みは、リノベーションまちづくりと称され、遊休化した不動産という空間資源と潜在的な地域資源を活用して、都市や地域の課題を複合的に解決していくことを目指す（清水 2014）と示されている。

　リノベーションによる地域再生の取組みが始まった当初は、個人や任意団体での活動が中心であったが、リノベーションまちづくりを提唱した清水氏を代

167

表とした㈱リノベリングは、リノベーションスクール[1] として、まちの資源（空間、建物、人、文化、歴史など）や魅力を発見するツアーを開催し、家守の育成などを行政からの委託事業として行うなど、リノベーションまちづくりは事業として発展した[2]。他の事業会社としては、リノベーションによる遊休不動産の再利用を前提とした不動産会社（東京R不動産）の活動もある。

　2020年代においても、不動産及びまちづくり会社による歴史的地区の古民家再生によるまちづくり会社の役割（溝口ほか 2023）や、まちづくり会社と行政の取組みに関する報告（松浦・福谷 2023）、空き家再生と移住を促進するために行政から委託されて運営する企業の取組み（山口 2020）の報告があり、リノベーションまちづくりは、各地域の継続的な取組みとなっている。

2. アルベルゴ・ディフーゾと地域再生

　リノベーションまちづくりの中で観光を目的として再利用する取組みに「分散型宿泊施設」があり、その中の一つにアルベルゴ・ディフーゾがある。アルベルゴ・ディフーゾは、ジャンカルロ・ダッラーラ氏が1980年代に提唱した概念で、使用されていない歴史的建造物を再利用し、レセプションを中心に客室が点在する（Liçaj 2014）。空き家をレセプションや客室・レストランなどに再利用し、宿泊施設の機能を地域全体に分散させ、地域全体を宿泊施設に見立てる考え方（渡辺ほか 2015）である。

　そこでは、地域特有の活動に参加できるようなネットワークが形成され、地域資源の食や文化、コミュニティによるサービスの提供を行い、旅行者はその地域に暮らすような感覚で滞在できる。アルベルゴ・ディフーゾの最終目標は、地域に人を呼び戻すことで、アルベルゴ・ディフーゾとして登録されている地域では地域経済を支える人々が増えている。日本では岡山県矢掛町がアルベルゴ・ディフーゾとして日本で唯一、イタリアのアルベルゴ・ディフーゾ協会から認定されている。矢掛町は、かつては宿場町であったが、宿泊施設がなく歴史的建造物でもある空き家が長期に渡って放置されていた。この空き家を、矢掛町主導により宿泊施設や交流館へと再利用したことで観光客が増加し、その

結果、空き家や空き店舗を再利用したカフェや飲食店などを行う新規事業者の増加など、地域再生の方策となっている（池田 2022b）。

日本独自の「分散型宿泊施設」の取組みとしては、2017 年に発足した一般社団法人日本まちやど協会がある。同協会では取組み内容として、①まちを一つの宿と見立て宿泊施設と地域の日常をネットワークする、②まちぐるみで宿泊客をもてなすことで地域価値を向上する、③まちの中にすでにある資源や街の事業者をつなぎ合わせる、④日常にあるものを最大のコンテンツとして提供する、⑤利用者には世界に 2 つとない地域固有の宿泊体験を提供する、⑥街の住人や事業者には新たな活躍の場や事業機会を提供すると示されている。同協会には、2021 年 9 月時点で全国 22 の宿泊施設が加盟している。

このような「分散型宿泊施設」の形態として、他にも株式会社 NOTE が運営する NIPPONIA ホテルがある。主に農村部の古民家を宿泊施設として再利用しながら、飲食店や物販などを増やすために事業者と古民家の所有者とのマッチングを行う。自治体からの委託を受けてエリア開発事業の企画・計画を策定し、地域で事業運営を行う事業会社を確保して、運営を行うスキームを構築している。日本国内のアルベルゴ・ディフーゾや NIPPONIA が法人単位でエリアマネジメントを行っているのに対し、日本まちやど協会は、宿泊所を中心に飲食店や物販の機能が分散しているのが特徴である。

先述のようにリノベーションまちづくりの中で観光を目的とした取組みに「分散型宿泊施設」があり、地域再生の方策として各地域で取組みが始まっている。ただし、この「分散型宿泊施設」の概念が正しく認識され、運用されているとは限らない。概念の一部のみが注目され、取組みに至っている事例もある。

アルベルゴ・ディフーゾの先行研究においては、その成功事例をもとに検討がなされてきたが（辻本 2020、神田・日高 2022）、本章においてはアルベルゴ・ディフーゾの計画を中断した長野県小諸市を対象とした。小諸市では、DMO（Destination Management/Marketing Organization）として、一般社団法人こもろ観光局（以下、こもろ観光局）が「小諸版　アルベルゴ・ディフーゾ（機能分散型ホテル）まちなかホテル計画（以下、「小諸版　アルベルゴ・ディフーゾ計画」）を打ち出し、各事業者が連携して地域を再生しようとしたが、この計

画は中断した。

　計画が中断した要因について、アルベルゴ・ディフーゾ協会が提唱している概念と比較検討しながら同地域におけるアルベルゴ・ディフーゾによる地域再生の可能性を検討した。

　具体的には、①アルベルゴ・ディフーゾで提唱されている概念と対象地域の取組みの相違、②新規事業店舗の分布と立地特性、③新規事業者の特性、④歴史的建造物の再利用を推進する主体とその役割、⑤地域住民の反応、⑥地域に及ぼした影響を検証した上で、研究対象地域のアルベルゴ・ディフーゾを実現するために必要な事項について明らかにした。

3.　小諸市におけるアルベルゴ・ディフーゾ

（1）小諸市の歴史

　1590 年、豊臣秀吉による天下統一後、仙石秀久を小諸城主とした城下町が形成された。城下町は信濃国の東方第一の藩として地の利を得て、江戸からの物資が運ばれていく中で、次第に商業が発展した。特に荒町、本町、市町などは卸問屋や商家が軒を連ね、酒、醤油、味噌、酢などの醸造業も盛んになった。また、江戸時代に参勤交代が始まると本町に本陣や脇本陣が配置され北国街道沿いの宿場町として発展した[3]。

　このように小諸市は、城下町、宿場町、商都と時代の変化に応じながら都市として発展してきたが、新幹線の開業と共に衰退した。小諸市は北陸新幹線開業の 1997 年までは、東京からの特急列車が停車し、観光客などで賑わっていた。その後、北陸新幹線開業に伴い、JR 信越本線が第三セクターのしなの鉄道に引き継がれ、東京からの直通の鉄道がなくなった。その影響により定期券利用者以外の小諸駅への年間乗車人員が、1992 年の 95 万 5,470 人から 2002 年には33 万 5,018 人と大幅に減少した（井野 2012）。この影響を受け、ながの東急小諸店（2002 年閉店）、ジャスコ小諸店（2001 年閉店）といった大型店が撤退し、小諸駅前やその周辺の商店街では、空き店舗が増加していった。そして、人口は 1995 年の 4 万 5,711 から 2020 年には 4 万 991 へと減少し[4]、空き家や空き

店舗の増加と共に、中心市街地の空洞化が進んでいった。

(2) まちなかホテル計画

小諸市では2016年に「小諸市観光地域づくりビジョン」が策定され、2018年に小諸市と小諸商工会議所、小諸市観光協会が発起人となり、こもろ観光局が発足し

写真1　脇本陣の宿・粂屋概観
（2023年10月28日筆者撮影）

た。そして、同年12月に「小諸版　アルベルゴ・ディフーゾ計画」が策定された。同計画は、地域の産業が衰退し、事業継承も進まずに空き家や空き店舗が増加している中、観光産業によって地域課題を解決しようと試みたものである。計画の目的は各業種が連携しながら、新しい雇用を生み出し、若者をまちに呼び戻すことであった[5]。

この計画が策定された背景として、小諸市は2000年から国の補助事業「街なみ環境整備事業」を活用し、2008年までの間に84の建造物の修理・修景事業を行い、北国街道沿いの歴史的建造物を保全してきたが[6]、これら歴史的建造物も修理・修景に留まり、十分に活用されていない状態であった。2019年7月には旧脇本陣を宿泊施設に再利用した「脇本陣の宿・粂屋」が開業した（写真1）。旧脇本陣は、1940年代までは旅館「粂屋」として利用され、後に空き家となり取り壊しが検討されたが、2013年に小諸市が購入したものである。訪日外国人旅行者や歴史愛好家などの交流人口を増やすことを目的として、2016年に小諸市が「旧脇本陣活用計画」を策定し、宿泊施設「粂屋」として2019年7月に開業した。指定管理者のこもろ観光局を中心としたまち全体を一つの宿泊施設として運営する「まちなかホテル」構想である。

「まちなかホテル」のもう一つは「荒町GATE（Aramachi Creator's Market The GATE）」である。この施設は、こもろ観光局で働いていた地域おこし協力隊員が、1798（寛政10）年創業の山崎長兵衛商店の旧社屋が解体されることを知り、個人で購入した後に複合施設として再利用した。荒町GATEの宿泊部分は、

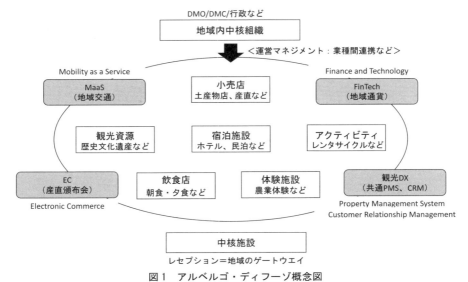

図1　アルベルゴ・ディフーゾ概念図
一般社団法人アルベルゴ・ディフーゾインターナショナル極東支部ホームページ内の図をもとに筆者作成．https://albergodiffuso.jp/#Keyforsuccess（2024年9月17日最終閲覧）

こもろ観光局が2年間借り上げて運営し、以降は提携して運営すると計画されていた。こうして、この2つの宿泊施設を核として「小諸版アルベルゴ・ディフーゾ」の運用が始まったが、COVID-19によるパンデミックにより、海外ならびに他県からの移動が制限され、観光客数が減少したため、2023年9月時点で、荒町GATEは宿泊施設としての営業を停止していた[7]。

(3) 中断したアルベルゴ・ディフーゾ構想

小諸市におけるアルベルゴ・ディフーゾ構想が中断した要因は次の3点である。第一はアルベルゴ・ディフーゾの概念の理解不足である。図1は、アルベルゴ・ディフーゾインターナショナル極東支部による概念図[8]であるが、宿泊施設、飲食店、体験施設、観光資源、小売店などが分散しながら、旅行者に多様な滞在環境を提供することを特徴として示している。これら滞在環境は、地域資源や地域の特性を活かしたものであり、これを推進するために地域内中核組織としてDMOが運営している。そして、レセプション機能を有し、観

172

第9章　リノベーションプロジェクトと新規事業者

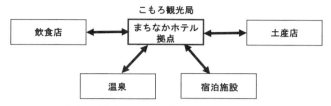

図2　小諸市アルベルゴ・ディフーゾ概念図
こもろ観光局（2018）「小諸版 アルベルゴ・ディフーゾ計画」により作成．

光客を各施設にナビゲートしている。宿泊施設、飲食店、体験施設、観光資源、小売店などの環境施設は、空き家や空き店舗などの遊休不動産が再利用され、そこで新たな事業を始める人が生まれることにより、地域経済を支える人々が増えていく。これらの環境施設を利用するために、地域交通（Mobility as a Service=MaaS）や顧客・サービス一元管理システム（Property Management System=PMS）などを活用し、観光客の利便性を高めるのもDMOの役割である。

　小諸市のアルベルゴ・ディフーゾ構想を図2で示した。小諸市では「まちなかホテル」を拠点として、既存の店舗と連携し、宿泊施設から近隣の飲食店や土産店、温泉へと誘導するに留まり、そのための特別メニューや割引などの特典を提供するサービスをアルベルゴ・ディフーゾとして示していた。そこには、文化遺産の活用ならびに体験施設やアクティビティの整備はなかった。

　第二は、アルベルゴ・ディフーゾが目的としている「地域経済を支える人々を呼び戻す」という施策が実行されなかったことである。アルベルゴ・ディフーゾ協会として日本国内で初めて認定された矢掛町では、定住・交流の促進による賑わいのまちづくりを目的として、「空き家活用新規創業支援事業補助金」を設定した。空き家を利用して小売業、飲食業、サービス業などで新規に創業する事業者に対し、創業支援として支給される補助金である。矢掛町では補助金を活用したUターン・Iターン者の開業が続き、これら新規店舗はアルベルゴ・ディフーゾを構成する要素になった。

　第三は、アルベルゴ・ディフーゾを推進する体制である。矢掛町では、官民が連携して観光事業に取り組むために一般財団法人 矢掛町観光交流推進機構を発足させた。ここでは、国内外からの観光客誘致、特産品の開発、観光ツアー

第3部　リノベーションまちづくりと地域の再生

やイベント企画等の事業に取り組むために旅行、宿泊、食事、体験・交流などの目的別に体制が組まれている。

　このように観光客を迎えるにあたり、地域資源を発掘し、空き家や空き店舗などを活用した新規事業者を増やしながら地域の魅力を高めることが、本来のアルベルゴ・ディフーゾである。これらは、行政や DMO を中心とした観光地経営があってこそ実現するが、小諸市においては、「分散型宿泊施設」の分散と連携だけの運用にとどまり、COVID-19 により中断していた。

4. リノベーションまちづくり

(1) 小諸駅前周辺の新規出店の増加

　小諸市内でアルベルゴ・ディフーゾ計画は中断していたが、空き家や空き店舗を再利用する取組みが、別の団体により進められていた。それは、「おしゃれ田舎プロジェクト」である。おしゃれ田舎プロジェクトは、市役所職員や民間企業の有志が、移住者や地元の人々と一緒に「若い世代が出かけたくなるまちなか」をめざして活動を行っている。点在する空き家や空き店舗で創業する人たちを支援するために、まちなかの事業主たちとつながりを持ち、新規事業者と一緒にまちなかを盛り上げる取り組みを行っている。おしゃれ田舎プロジェクトは 2019 年 12 月から活動を始め、2023 年 10 月時点で 20 店舗の開業を支援した。図 3 で、小諸駅周辺の新規店舗の分布を示した。

　本町は、江戸から明治・大正時代に建てられた大きな商家が軒を連ねている。江戸時代は宿場町として旅籠や店が並び、明治になると鉄道により商圏が広がり、近隣に製糸工場ができたことで、商都小諸の中心地として隆盛を誇った[9]。このかつての宿場町の本町では、2020 年から 2023 年までに新規出店が 1 店舗しかない。空き店舗があっても「知らない人には貸せない」と貸し渋りが生じていたのと空き店舗が取り壊され、多くが駐車場になっていたためである。

　2020 年からの新規出店は、相生商店街で 8 店舗、北国街道沿いの荒町で 5 店舗、与良町で 4 店舗である（図 3）。旧北国街道沿いの与良町は、戦国時代末期に行われた村寄により、農民や職人が集められた集落である。宿場の中心から離れ、

174

第9章　リノベーションプロジェクトと新規事業者

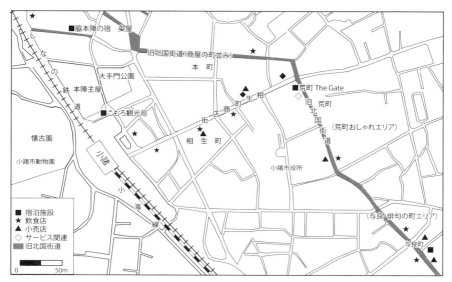

図3　小諸駅周辺の新規店舗分布図（2020-2023年）
聞取り調査により筆者作成

間口奥行の大きい屋敷が多く、江戸初期から残る建造物もある。荒町は、江戸時代になり与良町から新町として分かれ、その後、荒町となった[10]。歴史的建造物が点在し、1674（延宝2）年創業の信州でも歴史ある味噌製造会社の本社や、古くからの和菓子店などが営業している。

　荒町から与良町の間では、こだわりのコーヒーと日本各地から取り寄せた日本茶などをサイフォンで楽しめるサイフォン専門店（写真2）や、自家製酵母と長野県産小麦100％を使用して薪窯で焼いたパンを提供する店など、値段が少し高くても質の良いものを求める客層に支持される店が集まっている。2号店として開業した家具や食器等のセレクトショップ（本店：軽井沢）では、窯元の器や絵画、世界各国の民藝品やヴィンテージ家具など生活の質にこだわる客層に向けた商品が販売されている。

　相生町商店街周辺では、昭和時代に建てられた店舗を再利用した店舗の開業が続いている。相生町商店街から路地へ入るとかつてはスナックが集積していた地域で閉店して14〜15年経過し、廃墟のような佇まいだった商業ビル[11]（写

175

第 3 部　リノベーションまちづくりと地域の再生

写真 2　彩本堂の珈琲とミニ盆栽
（2023 年 10 月 27 日筆者撮影）

写真 3　築 50 年以上の商業ビル
（2023 年 10 月 27 日筆者撮影）

表 1　小諸市における営業種別新規出店数（2020-2023 年）

業種	軒数
カフェ	5
飲食店	4
小売店（食品）	4
小売店（食品以外）	2
雑貨店	3
サービス店	2

聞取り調査により作成.

真 3）がカフェに再利用されていた。1 階は入口周辺にミニサボテンや花を楽しむための雑貨が販売され、その奥にはカフェスペースとしてヴィーガンスタイルの食やスイーツが提供されている。2 階はイベントスペースで、その一角には昭和レトロな「スナック夕子」のカウンターや椅子がそのまま配置されていた。このような新規出店の業種はカフェが 5 店舗、次いで飲食店やパンやデリカテッセンなどの食品関係の小売店が 4 店舗ずつになる（表 1）。これら 20 店舗の新規出店の内、11 店舗は神奈川や埼玉など関東圏からの移住者によるものである。

（2）おしゃれ田舎プロジェクト

　新規出店を支援しているおしゃれ田舎プロジェクトは、「若い人たちが出掛けたくなる魅力的な『まちなか』にする」を目的に発足した官民連携のプロジェクトである。小諸市役所の移住担当者（T 氏）が、移住希望者に小諸での暮らしを説明しながら現地の案内を行っていたが、シャッター商店街などを見た移住希望者の反応が芳しくなかったことがきっかけで活動が始まった。小諸は良い所がたくさんあるが、自分たちも小諸で遊ぶ場所がないと感じていた中、「ま

176

ずは自分たちが利用したくなるような魅力的な店舗を増やしたい」と同僚と語りあい、プロジェクトとして活動することになった。

　2019年12月からプロジェクトの活動が始まったが、スタート時のメンバーは行政職員（2名）、リノベーション関連事業者、相生町商店街振興会会長、ケーブルテレビ職員、移住者による新規事業の先駆けになった飲食店オーナーである。商店街会長が参加したきっかけは、「空き店舗の解消を行うために、よそから人が来るけれどいいですか？」とT氏が商店街振興会会長に確認したところ、「大歓迎」と快諾してくれたので、「一緒にやりませんか」と声を掛けたことに始まる。ケーブルテレビの職員の参加は、プロジェクトの活動を広報し、地域住民に新規出店によるまちの変化を知らせるためである。活動においては、「お金をもらわない、使わない、リーダーを立てない」とルールを定め、互いに対等な関係で運営している。行政職員のT氏が勤務時間内におしゃれ田舎プロジェクトの活動を行うことは業務として認められているが、あくまでもプロジェクトメンバーとしての活動である。

（3）おしゃれ田舎プロジェクトの活動

　おしゃれ田舎プロジェクトの活動について図4をもとに連携関係を説明する。おしゃれ田舎プロジェクトの活動は、空き家や空き店舗の情報収集から始まる。T氏は不動産会社に行って、空き家や空き店舗の所在を確認し、「大家さんに連絡していいですか」と不動産会社に許可を得て物件所有者に会ってきた。そこでは、物件の詳細を確認し、「他にも貸してくれそうな人はいませんか」と尋ねて周り、町区を束ねる区長の所に行っては、まち歩きをしながら空いている物件を確認して、可能性のある物件に対してはテナント貸しや売買が出来ないかなど、交渉を行ってきた。

　その後、物件情報を作成し、移住希望者や新規事業者に適した場所の紹介を行い、希望者が物件を気に入れば、契約手続きのために不動産会社を紹介した。このような物件情報の案内や不動産会社への紹介においては、手数料なしでプロジェクトの活動として実施した。開業に至るまでの補助金などは商工観光課として支援してきた。

177

第3部　リノベーションまちづくりと地域の再生

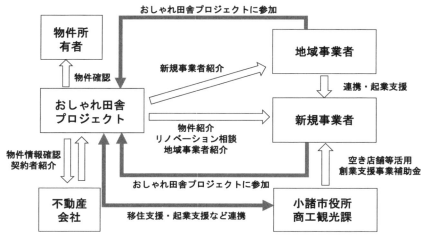

図4　おしゃれ田舎プロジェクト連携図
聞取り調査などにより筆者作成

　移住者が新規事業者の場合は、移住前から支援し、地域の事業者や先に移住して商売を始めた人々を紹介する。これは新たに商売する人が周囲と調和できるようにという配慮と地域を理解してもらうためである。新規事業者には相談できる人が多い方がいいと考え、イベントで積極的に事業者を紹介している。新規事業者と繋がった地域の事業者は、地域の情報や開業にあたって不安なことについて相談に乗る。こうした活動を続けた結果、最初は6人で始めたおしゃれ田舎プロジェクトには新規事業者や地域事業者も参加するようになり、プロジェクトメンバーは18人になった。

5．新規店舗と地域住民

(1) 地域住民の認識

　おしゃれ田舎プロジェクトにより、個性的な店舗は増えているが、地域住民の受け止め方は様々である。地域の人々が日常的に通う店というよりは、近隣の軽井沢にある富裕層向けの店に近いタイプもあり、こういった店舗が短期間で増えたため、地域住民（高齢者）からは「私たちが行くような店ではない」「な

んか新しいお店が出来たけれど私たちには関係ない」という意見もあった[12]。その一方で、コロナ禍中にオープンしたイタリア料理店では、近隣の高齢者が「せっかく出来たお店を廃業させない」とピザをテイクアウトで購入して支えていた。新しい店が開業するたびに訪問して楽しんでいる高齢者もいた[13]。

　新規事業者の店舗が増えるにつれて、新規事業者と地域住民との交流が生まれている。与良町にある「与良館」は、江戸時代末期に建てられた商家で、現在は地元住民の憩いの場や貸しスペースとして使用されている。ここでは地域住民が果物や漬物を持ち寄り、珈琲は1杯100円で提供されているが、ふらっと立ち寄った観光客にも、「まぁ座りなさい」と誘い、果物や漬物が振舞われる。そこでは、お茶を飲みながら地域住民が思い思いに語る話、例えば、かつて与良町は家具販売店が多かったこと、若い頃の商売のこと、新しく出来た店舗のことなどを聞くことができる。また、そんな地域住民の団欒の場に与良館の隣でパンの製造販売を行っている移住者が「ただいま」と言って席に座り、与良町の歴史や住民の若い頃の話に耳を傾けていたりする。

（2）地域事業者の反応

　おしゃれ田舎プロジェクトによる新規店舗や移住者の増加は、もともと小諸市で商いをしていた事業者にも刺激を与え、小諸駅の周辺では従来からの事業者による新規の事業展開が続いている。信州小諸で350年の歴史のある味噌の製造・販売会社は2023年10月1日に本社敷地内に信州味噌らーめん店を開業した。また、およそ50年にわたり自動車の整備業を行ってきた会社は、新たにレンタカー店を開業した。社長は、「移住してきた人たちがお店を開いて一生懸命に商売をやっているのを見て、自分もなにかしなければと考えた。小諸市周辺の観光は車がないと不便だから、レンタカーの商いをしようと思った」と開業の経緯を語った。同時期に社長はおしゃれ田舎プロジェクトの活動にも加わり、新規開業店舗の支援も行うようになった。このように移住者などによる新規出店は地域の事業者を動かし、中心市街地に賑わいをもたらせている。

第 3 部　リノベーションまちづくりと地域の再生

6.　小諸市におけるアルベルゴ・ディフーゾの可能性

（1）地域資源とネットワーク

　小諸市には中心市街地の周辺に自然や温泉、名所などが広域に点在してい
るが、これら観光拠点を周遊する社会実験として「縁JOY! 小諸」が行われた。
この社会実験は、徒歩で移動できない地域への移動手段として、通常は地域住
民向けの「小諸市予約制相乗りタクシー」として利用されている小型バスを、
週末は観光客が利用する周遊バスとして 18 拠点（表 2：a 列）を予約制で乗降
できる仕組みである。もう一つの周遊バスは 10 時〜16 時 30 分の間に定時で
運行する巡回バスである（表 2：b 列）。周遊バス 2 日間フリー乗車チケットと
相乗りタクシー 1 日乗り放題で 1,800 円、どちらか 1 日だけ利用する場合は 1,000

表 2　相乗りタクシー・周遊バス乗降場所

拠点名	区分	a	b
懐古園	自然	●	
飯縄山公園	自然	●	
布引観音	自然	●	●
氷風穴	自然	●	
小諸蒸留所	醸造所	●	
ジオヒルズ・ワイナリー	醸造所	●	
マンズワイナリー	醸造所	●	●
スタラス小諸	醸造所	●	●
みはらし交流館	農園	●	
夢ハーベスト農場	農園	●	
リンゴの里　松井	農園	●	●
菱野温泉常磐館	温泉	●	
布引温泉	温泉	●	
あぐりの湯	温泉	●	
小諸大橋直売所	物販	●	
小諸高原美術館	芸術	●	●
ジェラートちるちる	飲食	●	
読書の森	飲食	●	

　a：相乗りタクシー乗降場所、b：周遊バス乗降場所
「縁JOY! 小諸」ホームページより作成.

180

円の料金設定である。ワイナリーなど飲酒する場所を訪問する時には、利便性の高い移動手段である[14]。

駅前の中心市街地（本町、荒町、与良町エリア）では、飲食店25、物販店13、寺社2の40拠点[15]の乗降場所で専用アプリを利用して「スマートカートegg」（写真4）で移動することができる。40拠点の内、おしゃれ田舎プロジェクトによる支援で開業した店舗は15あり、これらが中心市街地の重要な拠点になっていることが窺われる。

写真4　スマートカートegg
（2023年10月27日筆者撮影）

小諸DMOによるアルベルゴ・ディフーゾは、文化遺産の活用ならびに体験施設やアクティビティの整備が実施されていないと指摘し、アルベルゴ・ディフーゾ概念図（図1）にあるように運用していく上では、MaaSやPMSの取組みが必要と指摘したが、MaaSについては既に「縁JOY!小諸」として都市計画課により、社会実験が繰り返されていた。このような取組みをアルベルゴ・ディフーゾ計画に取り入れ、検討や運営を重ねていくことにより、アルベルゴ・ディフーゾ体制が構築できる状況にある。

（2）こもろまちたね広場

「こもろまちたね広場」は、2021年3月に小諸市により、敷地面積1,500㎡の月極駐車場だった場所を事業費7200万円で改修してできた広場である[16]。中央に芝生とステージが整備され、工作体験ができるガレージ空間もある。この場所は、「小諸だったら、もっとこんなことができるんじゃないか」、「自分たちでもっと楽しめることをしてみたい」を実現するために地域住民主体で利用できる広場である。自分の小さな想いの実現の場、大人や子どもの居場所、小諸の楽しいが始まる場として設計されている。

2023年の利用状況をみると1～3月の冬季はイベントの開催はなかったが、4～12月の間で週末に60回のイベントが開催され、ほぼ毎週末、何らかのイ

第 3 部　リノベーションまちづくりと地域の再生

ベントが行われていた。10 月単月だけでも、ヨガ、マルシェ、クラッシックカーの展示など様々なイベントが開催された。ここで注目したのが、イベントの主催者である。10 月は 10 のイベントが開催されているが、主催者は全て異なっていた [17]。すなわち、それだけ小諸市の駅前広場で「なにか楽しいことをやろう」というプレイヤーが存在しているといえる。これらのイベントの内、こもろまちたね広場で毎月開催されている定期イベントは 3 つだけで、それ以外は企画ベースのイベントになっている。このように毎月何か新しいイベントが開催され、イベントに出店している人々の出会いが生まれていた。

　こういった駅前広場のイベントは、アルベルゴ・ディフーゾの目的である「地域資源の食や文化やコミュニティによるサービスの提供」に合致しているため、このまちたね広場におけるイベントも、レセプションで案内を行い、アルベルゴ・ディフーゾとして発信していくことで、より多くの観光客を見込める状態にある。

7.　おわりに

　こもろ観光局によるアルベルゴ・ディフーゾ構想が中断した要因としては、アルベルゴ・ディフーゾの概念を正しく認識しない状態で、宿泊施設と飲食店などが分散している形式のみに着目し、運用していたことが挙げられる。その一方で、小諸市全体の取組みを概観すると、アルベルゴ・ディフーゾに適したさまざまな活動が実施されていた。地域経済を支える人々を創出する活動に関しては、おしゃれ田舎プロジェクトによる空き家や空き店舗を再利用する創業支援により、新規に 20 店舗の開業を実現し、その内の 11 店舗は移住者によるものであった。このような新規開業が続いたことにより、ゲストハウスも新たに 2 軒開業し、アルベルゴ・ディフーゾとして発展できる条件を備えている。

　そして、地域特有の活動に参加できるようなネットワークの形成に関しては、社会実験ベースで行われている MaaS により広域の観光施設や体験施設への移動が可能になり、アルベルゴ・ディフーゾよりも広域な概念のオスピタリタ・ディフーザ [18] へと発展する可能性を秘めている。

182

また、地域資源の食や文化、コミュニティによるサービスの提供に関しては、先述のように、こもろまちたね広場における地域住民や団体によるイベントにより、訪れる度に異なる体験ができる状態になっている。

それぞれの取組みをアルベルゴ・ディフーゾとして取りまとめるのが、DMO のミッションであり、こもろ観光局は「縁 JOY! 小諸」や「こもろまちたね広場」を運営している都市計画課と連携を取ることにより、アルベルゴ・ディフーゾの魅力として広く訴求することができる。また、都市計画課だけでなく、移住を促進している商業振興課や商工会議所など、まちの運営を行っている団体と積極的に関わっていくことで、小諸市ならではのアルベルゴ・ディフーゾを形成できる。

そして、「分散型宿泊施設」の分散機能を高めるためにおしゃれ田舎プロジェクトと連携を取りながら、誘致する飲食店や小売店を計画し、小諸駅前周辺での滞在をより楽しめるように工夫する必要がある。これらを的確に実施するために、こもろ観光局はアルベルゴ・ディフーゾ協会とも連携し、きちんとアルベルゴ・ディフーゾの趣旨を理解した上での推進が必要である。

注

1) まちなかに実在する遊休不動産（空き家や空き店舗、空きビル、空き地、使われていない公共空間など）を対象とし、エリア再生のためのビジネスプランを創り出す短期集中の実践型スクールである。
2) ㈱リノベリングホームページによる。
   https://renovaring.com/service/produce/index.html（2023 年 11 月 29 日最終閲覧）
3) 「角川日本地名大辞典」編集委員会（1990）『角川日本地名大辞典　20　長野県』KADOKAWA による。
4) 国勢調査による。
5) こもろ観光局（2018）『小諸版　アルベルゴ・ディフーゾ（機能分散型ホテル）まちなかホテル計画』による。
6) NPO 法人小諸町並み研究会編（2019）『高原の城下町　小諸』、NPO 法人小諸町並み研究会による。
7) こもろ観光局からの聞取り調査による（2023 年 8 月 18 日実施）。
8) アルベルゴ・ディフーゾ インターナショナル 極東支部ホームページによる。
   https://albergodiffuso.jp/#Inquiry（2024 年 2 月 19 日最終閲覧）
9) 前掲 6）。

第 3 部　リノベーションまちづくりと地域の再生

10）前掲 3）。

11）web　Komachi（2022）「9/11（日）オープン！昭和レトロ「komoro street」「FLORO CAFE（フロロカフェ）」植物を愛でながら味わうスイーツとランチ〜長野のレトロビル再生〜＠長野県小諸市」による。

　https://www.web-komachi.com/?p=88648（2023 年 11 月 29 日最終閲覧）

12）小諸市本町周辺での聞取り調査による（2023 年 8 月 17 日実施）。

13）小諸市荒町周辺での聞取り調査による（2023 年 10 月 26 日実施）。

14）LINE 公式アカウント「信州こもろ・こま〜す」で友だち登録（会員手続き）を行うと、周遊バスや相乗りタクシーのチケット購入、無料で利用できる「スマートカート egg」の呼び出しができる。また、スポット情報の閲覧や特典チケットの購入ができる。

15）縁 JOY ！小諸ホームページによる。

　https://enjoy-komoro.jp/（2023 年 11 月 30 日最終閲覧）

16）信濃毎日新聞（2021）「小諸「まちタネ広場」オープン　大手門公園　使い方を社会実験」による。

　https://www.shinmai.co.jp/news/article/CNTS2021100300015（2023 年 11 月 30 日最終閲覧）

17）こもろまちたね広場ホームページによる。

　https://machitanehiroba.com/about（2023 年 11 月 30 日最終閲覧）

18）オスピタリタ・ディフーザとは、観光客へのサービス提供範囲がより広範な地域（レセプション施設から 1 ㎞）で、各施設が一体となって行う取組みである。

184

| 終　章 |

持続可能な観光と地域再生

1. 遊休不動産の再利用と地域の再生

　本稿では、空き家や空き店舗などの遊休不動産の再利用による地域の再生とその弊害について述べてきた。新潟市の沼垂や古町、そして小諸市の中心市街地においては、空き家や空き店舗を再利用して新たに商売を始める事業者が増加し、中心市街地の再生のきっかけとなった。また、岡山県矢掛町の過疎地域においては、宿泊施設を中心に観光客向けの飲食店や小売店が集積することにより、地域再生の一助となった。

　こうした遊休不動産の再利用においては、クリエイターの関与が見られる。工房で創作活動を行う作家や雑貨などのデザインを手掛けるクリエイターが開業することで、その周辺に個性的な店舗が集積し、これらが地域固有の魅力になった。クリエイターたちが地域に惹かれた理由としては、①商いを行う店舗のテナント料の安さ、②創作活動のできる空間（広さや使いやすい間取りに変更できる利便性）、③創作活動を刺激するレトロな景観、などであった。地域固有のレトロな雰囲気に惹かれた新規事業者たちは、古い建造物に古い内装を施し、こだわりの商品を提供しながら、ここにしかない空間を生み出していた。そして、ここにしかない商品とここにしかない空間が、人々の興味を引き、多くの人々が訪れる地域へと変化した。このような遊休不動産の再利用は、地域に新たな事業を生み出し、地域固有の価値が形成されるきっかけになる。

　そして、インナーシティ問題では物的衰微として負の遺産とみなされていた空き家や空き店舗が、若い人々が新たに飲食店や小売店として再利用すること

185

により、物的衰微の解消だけではなく、新規事業が生まれることで経済的衰退をも解消していた。

　また、人通りが少なく、治安が悪いと言われていた地域に多くの人々が訪れるようになり、賑わいが生じたことで、地域全体に蔓延していた衰退感が解消された。このように、衰退した地域も賑わいを取り戻すことで、地域のイメージが変わり、負のイメージが払拭される。このような遊休不動産の再利用は地域に賑わいをもたらし、人々が訪問するような地域に変化させることもあれば、人々の生活を脅かす場合もある。

　京都市では、空き家の町家がゲストハウスとして再利用され、町家ゲストハウスが急激に増加した。その結果、ゲストハウスの近隣に住む住民たちは、深夜や早朝に訪れる観光客のキャリーバッグを引く音やゲストハウスの場所がわからずに深夜に場所を尋ねる観光客の訪問やゲストハウス内での大きな話し声などにより、住宅街での静かな暮らしが阻害されていた。

　京都市では、大通りなどに面する町家は1990年代頃から飲食店や小売店として再利用され、女性客を惹きつけていたが、小路にある町家は利用されることもなく空き家として残っていた。この空き家が、訪日外国人旅行者の増加により宿泊施設として再利用されるようになった。空き家の町家を中心にゲストハウスとして再利用され、海外からの観光客が町家ゲストハウスへ宿泊するようになったのである。

　京都市も空き家対策として、町家のゲストハウスなどへの改修費用に対して、補助金を支給するようになった。また、「京都市旅館業法に基づく衛生に必要な措置及び構造設備の基準等に関する条例」を緩和し、玄関帳場（フロント）の設置義務を免除したことにより、小規模の町家の一棟貸しの簡易宿所が増加した。こうして、町家が宿泊施設として市場に供給されることにより、空き家という物的衰微が解消されたが、この町家が不動産投資の対象となり、中国や韓国の個人投資家が投資目的として購入するようになった。この不動産投資がツーリズムジェントリフィケーションを誘引した。ツーリズムジェントリフィケーションとは、地域住民が利用していた食料品店や小売店などの日常的な店が減少する一方で、娯楽や観光に関わる施設や高級店が増加し、富裕層の来住

終章　持続可能な観光と地域再生

が増える。その結果、賃料が上昇して、低所得者層の立ち退きを生じさせる現象である（Gotham 2005）。

2. 観光による地域の消費とツーリズムジェントリフィケーション

ツーリズムジェントリフィケーションの特徴として、「住宅の立ち退き（residential displacement）」、「商業の立ち退き（commercial displacement）」、「居場所の立ち退き（place-based displacement）」がある。

「住宅の立ち退き（residential displacement）」としては、京都市では町家がゲストハウスとして再利用されることにより、町家の価格が高騰し、賃貸で居住していた住民が大家から立ち退きを求められるようになった。そして、宿泊施設の増加に伴い、地域住民が日常的に利用していた商業施設が空き店舗になると、観光客が好むようなカフェや土産物店が増加する商業の立ち退き（commercial displacement）が生じた。このような宿泊施設や観光関連施設の増加により、地域住民が日常的に過ごしていた場所が失われ、地域住民が自分たちの過ごした場所を喪失したように感じる「居場所の立ち退き」が生じた。「居場所の立ち退き」としては、小路に町家ゲストハウスが開業することにより、地域住民のみが往来していた空間に観光客が侵入するようになり、玄関先で煙草を吸うなど、地域住民の日常的な空間が損なわれていた。

このように観光の需要が高まると、首都圏を中心とした不動産開発会社や中国や韓国の個人投資家や不動産会社による不動産投資など、域外資本による地域の変容が生じる。そして、このような不動産投資を誘引するきっかけとなるのが、行政による施策や条例の緩和である。

COVID-19 の発現により全世界の人々の移動が制限され、インバウンドのみならず国内旅行も制限されたことにより、個人経営を主体とした簡易宿所の廃業が続き、観光客を対象とした飲食店や土産物店などの廃業が続いた。そうした状態も、COVID-19 による制限がなくなった 2024 年時点では、2019 年を上回る訪日外国人旅行者の増加や国内旅行の回復により、インバウンドに対する期待がさらに高まっている。

187

ここで今一度、地域住民の視点から観光施策を検討していく必要がある。地域住民の暮らしを脅かすことなく、観光関連の事業者や観光客と共存する方法はないか。観光関連施設の増加に対して、制限をかける方法はないか。例えば、かつてバルセロナでは、宿泊施設や観光関連施設の新規開業において制限をかけるなど、地域住民の生活を守る方策を検討していた。このようにツーリズムジェントリフィケーションが出現した地域や今後そのような可能性のある地域においては、地域住民の暮らしを第一に考えた対策を検討する必要がある。

3. 地域住民が主体となる観光振興と分散型宿泊施設

　本稿においては、地域住民を主体とした観光のあり方として、地方都市や農村部におけるアルベルゴ・ディフーゾやまちやどなどの分散型宿泊施設について言及した。アルベルゴ・ディフーゾとは、レセプションを中心にレストラン、バー、共用スペースなどの各施設が 200 m以内の距離に配置され、ネットワークを形成する。このネットワークのもとで、観光客はホテルチェーンでは提供できない地域資源にもとづいた食や文化やコミュニティによるサービスを受け、地域特有の活動に参加することができる。このようなサービスを提供するために、地域の歴史的、文化的、環境的資源や食材、伝統的な料理、工芸品などが発掘され、地域の団体活動が促進される。そして、観光客を呼び込むだけではなく、住民が日常生活を新たな視点から見つめ直してその価値を再認識し、地域の価値向上に努めるようになる（Dall'Ara 2019）。すなわち、旅行者には生活そのものを価値あるものとして提供し、当該地域では商業施設や宿泊施設、レストランや工房などが増え、新たな商いが生まれる。このプロジェクトの最終目標は、地域に人を呼び戻すことであり、アルベルゴ・ディフーゾとして登録されている地域では、地域の経済を支える人々が増える仕組みである。

　日本独自の分散型宿泊施設を推進する団体として一般社団法人日本まちやど協会（まちやど）がある。まちやどとは、まちを一つの宿と見立て、ゲスト（宿泊客）とまちの日常をつなげていく宿泊施設である。まちやどのスタッフは、まちのコンシェルジェとしての役割を担い、地元の人たちが日常的に楽しんで

188

いる飲食店や銭湯などの案内を行う。まちの中にすでにある資源やまちの事業者をつなぎ合わせ、そこにある日常をコンテンツとすることで地域の価値を向上させる。利用者には世界に2つとない地域固有の宿泊体験を提供し、まちの住民や事業者には新たな活躍の場や事業機会を提供する。アルベルゴ・ディフーゾもまちやども、空き家になっていた歴史的建造物や空き店舗、空きビルなどを宿泊施設として再利用し、その周辺に飲食店や土産物店などの小売店が増えていくことで、地域に新規事業者が生まれる。

その一方で、観光客にとって魅力的な飲食店や小売店が増加することで、地域に賑わいが生じ、観光需要が高まると域外資本が流入する。この流入が、ツーリズムジェントリフィケーションを誘引する。ツーリズムジェントリフィケーションが発現すると路線価の上昇や商業の立ち退きなどが生じ、地域再生に取組んだ人々の思惑とは異なる状態が生じる。例えば、フランチャイズ店の出店や観光客向けのスイーツ店などが増加することにより、地域の文脈とは異なる商いが生まれ、今までとは異なった景観が生じる。

そして、週末ごとに繰り広げられる30〜40代やファミリー層を対象としたイベントや新規店舗の増加は、そこに参加できない人々（例えば、地域の高齢者など）を生み出し、穏やかなジェントリフィケーションが生じる。穏やかなジェントリフィケーションとは、錆びれた空間がそれを好む人々により活用されることにより賑わいをもたらし、元からいた人々の居場所の立ち退きを生じさせる現象である（Kahne 2018）。

地域再生の象徴ともいえる新規店舗の増加やそれを利用する人々の往来などは、それを受け入れられない地域の人々にとっては日常生活を脅かすものになる。そして、地域再生を進めてきた人々がジェントリファイアーとして地域を脅かす存在になることもある。

4. 持続可能な地域の再生とは

中心市街地の商店街の再生では、賑わいが生じることにより地域住民の静かな生活空間が変容し、地域住民にとっては日常の穏やかな生活が脅かされる場

合もある。観光需要の高まりによる空き家や空き店舗の過度な再利用はツーリズジェントリフィケーションを発現させる。地方都市や過疎地域におけるアルベルゴ・ディフーゾなどの分散型宿泊施設においても、穏やかなジェントリフィケーションが生じる。

　このように地域住民が脅かされる状況においては、京都市東山区六原の六原まちづくり委員会の活動が参考となる。六原まちづくり委員会は、大学や行政と連携し、空き家や急増するゲストハウスの問題に対するアンケート調査や実態調査を行い、そこから具体的な解決策を検討し、実行してきた。六原まちづくり委員会は、地域住民と不動産分野、建築分野、まちづくり分野、芸術家支援団体、大学、行政など外部の専門家で構成されている。地域でできることは地域内の人材で行い、地域でできないことは外部の専門家とともに、一つの専門で対処できないことは他の専門家とともに対応する、という体制を構築した。そして、地域にとってよりよい方法を模索し、実行に移しながら自分たちの暮らしを守り続けている。

　遊休不動産や歴史的建造物を観光関連施設や飲食店などに再利用した場合、地域に変化が生じる。観光客や飲食店を利用する顧客が訪問することにより、時には静かな生活空間が賑やかな空間に変容するなど、地域住民にとっては大きな変化が生じる。そして、このような変化を望まない地域住民にとっては、自分たちの生活空間が脅かされる状態になる。地域の静寂が損なわれ、地域のルールが守られないことに不満を感じる地域住民も出てくる。

　こういった状況を踏まえ、遊休不動産や歴史的建造物の再利用を推進していく上で留意することが2つある。一つめは、地域住民への配慮である。地域に生じた変化に対し、地域住民がどのように捉え、なにを考え、なにを望んでいるのかを把握する仕組みである。新規事業者などは店舗を訪れる地域住民の声に耳を傾け、商店街や町内会の活動に参加して地域住民の意向を確認するなど、軋轢が生じないように配慮を行う必要がある。中心市街地などで、個人で商いを行っている場合には、このような配慮によって地域住民の反発を軽減できることもある。また、受入側も新規事業者に地域の意向を伝えることが大切である。新旧事業者がうまくいっている地域では、新旧事業者をつなぐ世話人が介

終章　持続可能な観光と地域再生

在し、意見交換ができる場を設定している。

　そして、遊休不動産や歴史的建造物を活用する新規事業者の地域への帰属意識の醸成も大切である。新規事業者を地域に受け入れる際には、新規事業者に対して、地域の一員であることを認識してもらい、地域活動への参加を促す。新規事業者が、地域の祭りや清掃活動などに参加し、地域住民とことばを交わしていく中で、地域住民と協働しながらお互いを理解していくことが大切である。また、新規事業者を選定する際に、地域に受け入れられるような事業主であるか、地域そのものに関心があるかを確認した上で、選定を行う方法もある。こういった選定を行うのが地域の再生や地域の未来を考えている不動産会社だったり、新規事業を行いたいと考えた時に相談されている地域の代表者（家守に該当する人）であったりする。

　このような一つの地域（200 m程の範囲）であれば、事業主の顔が見えるので、新規事業主に起因したトラブルなどが生じても、地域住民と会話を重ねながら解決することができる場合もある。

　その一方で今後も検討が必要なのは、域外資本が入り事業主の顔が見えない場合である。京都市の町家が宿泊施設に再利用されている事例のように投資をしている事業主が東京や中国、韓国などにいて、地域にいるのは委託された運営会社の場合、地域住民の声を届けることは難しく、しかも事業主が多岐に渡るため、地域住民だけで対応するのは不可能である。こうした場合、やはり行政による条例の設定や規制などによる対策が必要となる。観光開発が継続して行われるこのような地域における対策に関しては、今後も検討が必要で、これらについては今後の研究課題としたい。

191

文　　献

阿部大輔（2019）「オーバーツーリズムに苦悩する国際観光都市」『観光文化』240：
8-14.

阿部大輔（2021）「オーバーツーリズムと消費される景観」『都市計画』70（3）：52-53.

荒木俊之（2016）「中心市街地活性化法とまちづくり三法」根田克彦編『まちづくり
のための中心市街地活性化ーイギリスと日本の実証研究ー』古今書院.

荒木俊之（2017）「地理的な視点からとらえた立地適正化計画に関する問題ーコンパ
クトシティ実現のための都市計画制度ー」『E-journal GEO』12（1）：1-11.

有馬貴之（2017）「箱根における外国人観光客と地域の対応」『日本地理学会発表要
旨集』92：40.

有馬貴之・湯舟佑樹・寺田悠希・大谷　徳・安藤康也・青木美岬・赤津莉奈・浅川　翠・
新谷明大・川端南実希・北澤美千絵・栗本実咲・小林竜大・佐野　湧・畠山里美・
早﨑由紀・菊地俊夫（2014）「箱根湯本における外国人観光客の土産物購買行動と
土産物店・宿泊施設のサービス・コミュニケーションの状況」『観光科学研究』7：
45-52.

生田真人（1998）「神戸・大阪・京都市のインナーシティ政策」『京都地域研究』13：
93-111.

池田千恵子（2016）「新潟市沼垂地区における空き店舗再利用による再活性化」『日
本都市学会年報』49：157-162.

池田千恵子（2018）「京都市東山区六原の空き家対策とまちづくり」『福島復興の環
境都市計画の視点からの検証および災害復興準備に関する公開研究会論文集』：19-
24.

池田千恵子（2019a）「リノベーションによるインナーシティ問題の解消ー新潟市沼垂
地区を事例としてー」『関東都市学年報』20：38-47.

池田千恵子（2019b）「リノベーションによる中心市街地の再生ー新潟市上古町地区
を事例としてー」『日本都市学会年報』52：187-195.

池田千恵子（2020a）「町家のゲストハウスへの再利用と地域に及ぼす影響ー京都市東

193

山区六原を事例に－」『地理学評論』93A：297-313.

池田千恵子（2020b）「観光需要の拡大に伴う地域の変容－石川県金沢市ひがし茶屋街を中心に－」『日本都市学会年報』53：13-220.

池田千恵子（2021）「観光需要の拡大による地域の変容－京都市下京区菊浜を事例として－」『日本都市学会年報』54：167-175.

池田千恵子（2022a）「兵庫県城崎温泉における観光需要の高まりによる地域の変容」『都市地理学』17：10-21.

池田千恵子（2022b）「歴史的建造物の再利用による地域の再生－アルベルゴ・ディフーゾに認定された岡山県矢掛町を事例として－」『日本都市学会年報』55：149-158.

池田千恵子（2024a）「インナーシティ問題とツーリズムジェントリフィケーション－京都市を事例として－」『季刊経済研究』42（1-3）：56-77.

池田千恵子（2024b）「リノベーションとアルベルゴ・デフィーゾによる地域再生－長野県小諸市を事例として－」『日本都市学会年報』57：187-196.

石川美澄（2014a）「国内におけるゲストハウス台頭の社会背景に関する考察－質問紙調査を基に－」『日本国際観光学会論文集』21：99-104.

石川美澄（2014b）「国内における宿泊施設型ゲストハウスの経営と利用の実態に関する研究」『日本都市計画』49：140-145.

石原多賀子（2014）「都市づくりにおける「金沢の個性」と「創造」－「金沢世界都市構想」具現化における事例を中心に－」『日本都市社会学会年報』32：7-23.

井野俊介（2012）「空間統合の高速化がもたらす不均等発展－北陸新幹線建設と、小諸・岩村田の都市間競争を例として－」『空間・社会・地理思想』15：15-41.

井上年和（2014a）「京都五条楽園の変遷」『日本建築学会近畿支部研究報告集』：797-800.

井上芳郎（2014b）「地域産業の再活性化の成功要因にかかわる理論的および実証的研究－但馬地域及び北播磨地域の地場産業からの考察－」『流通科学大学論集』26（2）：1-18.

岩間絹世（2017）「城崎温泉における観光まちづくりの展開－リーダー集団の人間関係に着目して－」『E-journal GEO』12（1）：59-73.

内田奈芳美（2015）「日本における地方都市型ジェントリフィケーションに関する試論－石川県・金沢市での再投資と「目的地化」の地区分析から－」『都市計画論文集』50（3）：451-457.

浦　達雄（2009）「城崎温泉における小規模旅館の経営動向」『大阪観光大学紀要』9：1-9.

194

文　献

英国環境省（1978）「英国におけるインナーシティ政策」『自治研究』54（8）：70-90.

大図健太郎・岩佐明彦・田沢孝紀（2011）「地方都市におけるリテールクリエーターの環境形成－新潟市上古町商店街を事例として－」『日本建築学会大会学術講演梗概集』1049-1050.

荻原雅史・恵谷優希・村川真紀・山田あすか（2021）「日本におけるエリア・ホスピタリティの立地地域特性と建築・機能的特徴による類型化と運営概要の報告」『日本建築学会技術報告集』67：1373-1378.

奥田道大・田嶋淳子編（1995）『新版　池袋のアジア系外国人－回路を閉じた日本型都市でなく－』明石書店.

奥野聡子（2020）「奈良市ならまちにおけるツーリズムジェントリフィケーションの影響」『日本都市学会年報』53：145-152.

片桐新自（2000）「歴史的環境へのアプローチ」片桐新自編『歴史的環境の社会学』新曜社.

川井千敬・阿部大輔（2018）「京都市東山区における簡易宿所営業の立地動向とそれによる地域への影響について」『都市計画論文集』53（3）：1253-1258.

川井千敬・和泉汐里・田中優大・筈谷友紀子・阿部大輔（2018）「京都市三区（中京区・下京区・東山区）における簡易宿所営業の立地の特徴に関する研究－地価と用途の変更に着目して－」『日本都市計画学会関西支部研究発表会講演概要集』16：41-44.

川崎興太（2009）『ローカルルールによる都市再生－東京都中央区のまちづくりの展開と諸相－』鹿島出版.

川崎興太（2013）「中心市街地活性化政策の来し方行く末」『地域開発』580：6-11.

神田將志・日高優一郎（2022）「岡山県矢掛町におけるアルベルゴ・ディフーゾの発展プロセス－地域のマーケティングとアクターの生成－」『マーケティングジャーナル』41（3）：105-114.

木川田洋祐・角　幸博・石本正明・池上重康（2004）「建築の「リノベーション」：事例分析による概念の把握」『日本建築学会大会学術講演梗概集』：503-504.

金　善美（2018）「「町家ブーム」から見た大都市インナーエリアの地域社会変動－京都西陣地区の事例から－」『日本都市社会学会年報』36：164-179.

久保田進彦（2004）「地域ブランドのマネジメント」『流通情報』418：4-18.

呉羽正昭（2018）「激変するニセコ地域のスキーリゾート」『地理』63（8）：24-31.

黒川威人（2000）「劇場空間としての金沢「ひがし」茶屋街」『デザイン学研究 特集号』8（1）：16-21.

195

小伊藤亜希子・片方信也・室崎生子・上野勝代・奥野　修・小伊藤直哉（2008）「京都市における町家活用型店舗の特徴と持続可能性」『日本建築学会計画系論文集』631：1853-1860.

古賀慎二（2007）「京都市におけるオフィスの立地変化に伴う業務地区の変容－1990年代後半期の分析を中心に」『地理学評論』80：138-151.

後藤春彦（2007）『景観まちづくり論』学芸出版社.

小林史彦・川上光彦・倉根明徳・西澤暢茂（2002）「金沢市三茶屋街における居住世帯の特性と町並み・住環境・観光に対する意識の関係」『都市計画論文集』37（160_1-V）：955-960.

駒木伸比呂（2016）「商店街を場としたまちづくり活動」根田克彦編『まちづくりのための中心市街地活性化－イギリスと日本の実証研究－』古今書院.

小室　譲（2014）「長野県白馬村八方尾根スキー場周辺地域におけるインバウンドツーリズムの発展」『日本地理学会発表要旨集』85：99.

近藤暁夫（2013）「京町家の再生とインナーシティ問題」『都市問題』104（11）：23-28.

今野裕昭（2001）『インナーシティのコミュニティ形成－神戸市真野住民のまちづくり－』東信堂.

桜井政成（2020）「兵庫県豊岡市城崎温泉における観光まちづくり取り組みに関する調査結果－地域コミュニティ課題との関連、サステイナブルツーリズムへの視座－」『地域情報研究』（立命館大学地域情報研究所紀要）9：94-106.

佐々木　萌・杉本弘文（2014）「地方都市における中心市街地の再生に関する研究－宮城県都城市における店舗経営者の意識・活性特性からみた考察－」『都市住宅学』87：165-168.

沢村　洋編（2005）『新潟の町　古老百話』とき選書.

柴田和子（2006）「「よそもの」が行うまちづくりと地域住民」『国際社会文化研究紀要』8：5-17.

清水義次（2014）『リノベーションまちづくり』学芸出版社.

清水　亮（1996）「震災復興とインナーシティ問題－住宅政策の視点を中心に－」『年報社会学論集』6：25-34.

白石太良（1989）「ミニ独立国城崎「かに王国」の問題点」『兵庫地理』34：28-33.

白坂　蕃（1986）『スキーと山地集落』明玄書房.

関戸明子（2007）『近代ツーリズムと温泉』ナカニシヤ出版.

高橋勇悦・園部雅久（1988）「インナーシティ問題の構造分析」『総合都市研究』34：5-17.

高橋祐二・益子岳貴・伊藤香織（2009）「若者の出店を契機とした地方商店街の再生その1」『日本建築学会大会学術講演梗概集』：1081-1082.

高山正樹（1982）「大阪都市圏におけるインナーシティの住宅問題」『人文地理』34(1)：53-68.

田村喜子（1988）『五条坂　陶芸のまち今昔』新潮社.

塚田朋子（1995）「兵庫県豊岡市のかばん産地に見る地場産業のマーケティング戦略の現状と今後の方向性（その1）」『三田商学研究』38(4)：99-112.

辻本千春（2020）「古民家再生による地域活性化についての考察－宿場町、岡山県矢掛町を事例として－」『日本観光研究学会全国大会学術論文集』35：193-196.

戸所泰子（2009）「京都市都心部の空間利用と色彩からみた都市景観」『地理学評論』79：481-494.

豊岡市都市整備部都市整備課（2018）「豊岡市城崎温泉地区における歴史的建築物の保存及び活用に関する条例」『自治体法務研究』54：45-49.

内貴大輔・安東直紀・小山真紀・山田圭二郎（2013）「旧五條楽園の景観保全と活性化－地域内外の意識の違いと景観要素に着目して－」『日本都市計画学会関西支部研究発表会講演概要集』11：5-8.

中橋　恵（2017）「イタリア：アルベルゴ・ディフーゾ－街全体をホテルにする新しい観光－」馬場正尊・中江　研・加藤優一編『CREATIVE LOCAL　エリアリノベーション　海外編』学芸出版社：24-45.

中橋　恵（2020）「都市と農村を繋ぐ持続可能なモデル、アルベルゴ・ディフーゾ－山岳地域における波及効果の事例－」『都市計画』69(6)：54-57.

名倉一希・甲斐宗一郎・小泉茜彩子・王　汝慈・呉羽正昭（2017）「野沢温泉村におけるスキー観光の変容－インバウンド・ツーリズムの展開に着目して－」『地域研究年報』39：65–89.

成田孝三（1979）「わが国大都市のインナーシティと都市政策」『季刊経済研究』1(3・4)：43-68.

成田孝三（1983）「『大都市の衰退』と経済構造の改革」『都市問題』74(3)：25-39.

成田孝三（1987a）『大都市衰退地区の再生：住民と機能の多様化と複合化をめざして』大明堂.

成田孝三（1987b）「ジェントリフィケーション再考」『季刊経済研究』9(4)：64-87.

成田孝三（2005）『成熟都市の活性化－世界都市から地球都市へ－』ミネルヴァ書房.

西川幸治（1994）『都市の思想（下）』日本放送出版協会.

西村幸夫（2020）「住民が作った魅力、城崎温泉の「弱点」がシンボルに～近隣の人

もその地域に行きたくなる"まちづくり"とは（連載第2回）」『國學院大學メディア』2020年12月14日配信

　https://www.kokugakuin.ac.jp/article/208097（2021年5月9日最終閲覧）.

根本祐二（2005）「地域経済再生からみたSOHOコンバージョン」小林重敬編『コンバージョン、SOHOによる地域再生』学芸出版社.

野田浩資（2006）「伝統の消費－京都市における町家保全と都市再生をめぐって－」『環境社会学研究』12（0）：57-71.

橋本清勇・東樋口　護・宗田好史（2002）「京都市都心部における伝統的木造建物の維持管理システムの衰退」『日本建築学会計画系論文集』554：259-265.

花岡和聖・中谷友樹・矢野桂司・磯田　弦（2009）「京都市西陣地区における京町家の建替えの要因分析」『地理学評論』82：227-242.

原田陽子（2011）「空堀地区でのセルフビルドと創造的環境－点在する場所の多様性と役割－」『季刊まちづくり』31：24-30.

半澤佑紀・鈴木富之（2020）「仙台市秋保温泉における訪日外国人観光客の受け入れ態勢」『地域デザイン科学：宇都宮大学地域デザイン科学部研究紀要』8：53-76.

藤塚吉浩（1992）「京都市西陣地区におけるジェントリフィケーションの兆候」『人文地理』44（4）：495-506.

藤塚吉浩（2016a）「都市の内部構造」藤塚吉浩・高柳長直編『図説 日本の都市問題』古今書院：18-19.

藤塚吉浩（2016b）「中心市街地の空洞化」藤塚吉浩・高柳長直編『図説 日本の都市問題』古今書院：70-71.

藤塚吉浩（2017）『ジェントリフィケーション』古今書院：18-19.

藤塚吉浩（2019）「社会主義後のプラハにおけるジェントリフィケーション」『都市地理学』14：8-37.

藤塚吉浩（2020a）「社会主義後のブタペストにおけるツーリズムジェントリフィケーション」『都市地理学』15：91-99.

藤塚吉浩（2020b）「ソウル市北村におけるツーリズムジェントリフィケーション」『日本都市学会年報』53：257-263.

堀内千加（2009）「京都市中心部におけるマンション開発と人口増加の動向」『経済地理学年報』5（3）：193-214.

前田陽子・瀬田史彦（2012）「中崎地区における新しい店舗と既存コミュニティの関係に関する一考察－長屋再生型店舗の集積形成プロセスと地元住民との関係に着目して－」『都市計画論文集』47：559-564.

益子岳貴・高橋祐二・伊藤香織（2009）「若者の出店を契機とした地方商店街の再生その2」『日本建築学会大会学術講演梗概集』：1083-1084.

益森芳成（1984）「都心部におけるオフィスビルの形成とテナントの特性－京都市を例として－」『人文地理』36（6）：527-543.

松浦健治郎・福谷慈乃（2023）「プロセスと空間からみたエリア一体型リノベーションまちづくりに関する研究－愛知県岡崎市籠田公園周辺地区を対象として－」『日本建築学会計画系論文集』88（806）：1283-1289.

松浦裕馬・越澤　明・坂井　文（2014）「新潟駅南開発と鳥屋野潟南部開発の経緯と特色－地方中核都市の都市拠点開発に関する一考察－」『日本建築学会技術報告集』20（44）：295-298.

松本文子・瀬戸寿一（2011）「第Ⅲ期京町家まちづくり調査結果にもとづく京都市中心部の京町家消失要因の分析」『環境情報科学論文集』25：425-431.

水内俊雄（2011）「ヴァルネラブルな人々への支援ともうひとつのインナーシティ再生」『都市計画』35：66-68.

水上徹男（2009）「大都市インナーエリアの変貌に関する一考察－豊島区における中国系住民の増加と商店街の事例を中心に－」『グローバル都市研究』2：141-156.

溝口徳昭・山口敬太・谷川　陸・川崎雅史（2023）「旧龍野城下町における歴史的地区の古民家再生とまちづくり会社の役割」『都市計画論文集』58（3）：1584-1591.

三宅理一（2009）『負の資産で街がよみがえる－縮小都市のクリエーティブ戦略－』学芸出版社.

宮崎美夏・永井淳子・三村友恵・増井正哉（2000）「伝統の継承性からみた京町家の再生に関する研究－その1　商業事例における町家再生の概要－」『日本建築学会大会学術講演梗概集』：203-204.

宮本憲一（1999）『都市政策の思想と現実（立命館大学叢書 政策科学)』有斐閣.

宗田好史（2002）「転換期の京町家再生」青山吉隆編『職住共存の都心再生』学芸出版社：47-71.

宗田好史（2009）『町家再生の論理』学芸出版社.

宗田好史・三村浩史・東樋口　護・時岡晴美・西山徳明・黒見敏丈・寺田敏紀・西牧　優・安盛　宏・惣塚めぐみ・岡村こず恵・中川史子・中村良平（2000）「町家・町並み景観整備による都心商業・商店街活性化手法の研究職住共存の町家街区の魅力と賑わいの演出」『住宅総合研究財団研究年報』26：167-178.

森　静香（2022）「京都市で家が買えない　地価高騰、10年で1.6倍超に　上昇率が際立つ理由」『京都新聞』2022年12月28日配信.

https://www.kyoto-np.co.jp/articles/-/94749（2023 年 12 月 29 日最終閲覧）.

森　秀人（2014）「地域資源を生かす　京町家のリノベーション」『金融ジャーナル』55：132-135.

森重幸子・高田光雄・前田昌弘・大森聡子（2015）「京都市都心部の幹線道路沿いの細街路と高層建築物の関係」『日本建築学会計画系論文集』80（713）：1605-1613.

八木洋輔・橋本渉一（2009）「神戸市街地のインナーシティ問題に関する基礎的研究－地下鉄海岸線の 5 駅勢圏の推移について－」『土木学会関西支部年次学術講演概要集』：17-18.

矢吹剣一・西村幸夫・窪田亜矢（2014）「歴史的市街地における空き家再生活動に関する研究－長野市善光寺門前町地区を対象として－」『都市計画論文集』14：47-52.

山口信夫（2020）「松山市三津地区における衰退商業地再生の動向」『ECPR：Ehime Center for Policy Research：調査研究情報誌』（えひめ地域政策研究センター）2020（1）：45-53.

山崎雅生（2015）「イタリア発の新たな形態のホテル「アルベルゴ・ディフーゾ」－その概要と北海道での導入について－」『North East Think Tank of Japan』（ほくとう総研）88：34-37.

山田耕生・藤井大介（2018）「イタリアのアルベルゴ・ディフーゾの現状と日本への応用に関する考察」『第 33 回日本観光研究学会全国大会学術論文集』：317-320.

山田耕生・藤井大介（2019）「イタリアのアルベルゴ・ディフーゾの現状と課題－日本の空き家、古民家の宿泊施設への活用に向けて－」『日本地理学会発表要旨集』95：107.

山本崇記（2012）都市下層における住民の主体形成の論理と構造－同和地区／スラムという分断にみる地域社会のリアリティ」『社会学評論』63（1）：2-18.

由井義通（1986）「広島市における中高層集合住宅の開発とその居住者の特性」『人文地理』38（1）：56-77.

由井義通（1991）「住宅供給の類型別にみた居住者特性の分化－福岡市を事例として」『地理科学』46（4）：242-256.

吉田道代（2016）「移民（エスニックコミュニティ）」藤塚吉浩・高柳長直編『図説日本の都市問題』古今書院：40-41.

和田真理子（2013）「日本のインナーシティとまちづくり－インナーシティ問題から都市の縮小へ－」『都市問題』107（11）：16-21.

渡辺　康・岡安佐和・垂井理帆（2015）「イタリアの集落の空き家再生における運営と改修の調査研究－アルベルゴ・デフーゾの事例－」『日本建築学会大会学術講演

稿概集』: 101-102.

WANG Zhixi・吉田友彦（2020）「京都市における京町家型の宿泊施設への用途変更に
関する研究－旅館業法の簡易宿所を中心に－」『政策科学』27（2）：43-54.

Cocola-Gant, A. 2015 Tourism and commercial gentrification. International Sociological
Association. *Conference Paper RC21 Sociology of Urban and Regional Development*, 1-25.

Cocola-Gant, A. 2018 Tourism gentrification. in Lees, L. and Phillips, M. eds., *Handbook of Gentrification Studies*, 281-293, Cheltham and Northampton: Edward Elgar Publishing.

Cocola-Gant, A. 2023 Place-based displacement:Touristification and neighborhood change.
Published 1 January 2023 *Sociology Geoforum*. DOI:10.1016/j.geoforum.2022.103665

Dall'Ara, G. 2019 Albergo Diffuso a worldwide model of Italian hospitality. *Albergo Diffuso*.
https://drive.google.com/file/d/1LtdBswwjAI5NYjCyZuhn-c7mUnWB8M7J/view（2021
年 7 月 31 日最終閲覧）

Davidson, M. 2008 Spoiled Mixture: Where does state-led 'positive' gentrification end?. *Urban Studies* 45(12): 2385-2405.

Davidson, M. and Lees, L. 2005 New-build 'gentrification' and London's riverside renaissance.
Environment and Planning A 37(7): 1165-1190.

Ellison, A. 2015 Why Portland's urban pioneers are moving to Detroit, Glocal Pdx. 16 March.
http://www.golocalpdx.com/news/why-portlands-urban-pioneers-are-moving-to-detroit
（2016 年 10 月 26 日最終閲覧）

Ford, R. G. and Smith, G. C. 1981 Spatial aspects of intraurban migration behavior in a mixed housing market. *Environment and Planning A* 13: 355-371.

Glass, R. 1964 Aspects of Change. Centre for Urban Studies ed., *London: Aspects of Change*,
xiii-xlii, London: MacGibon & Kee.

Gotham, K. 2005 Tourism gentrification: the case of New Orleans' Vieux Carre (French
Quarter). *Urban Studies* 42 (7): 1099-1121.

Hackworth, J. 2002 Postrecession gentrification in New York City. *Urban Affairs Review*
37(6): 815-843.

Hammill, L. 2015 Sale of Towne Storage building sends evicted artists, others scrambling for
space, The Oregonian. 14 September.
http://www.oregonlive.com/business/index.ssf/2015/09/sale_of_towne_storage_building.
html（2017 年 6 月 25 日最終閲覧）

James, R. E. and Scott, F. 2011 Environmental dimensions of urban change: uncovering relict industrial waste sites and subsequent land use conversions in Portland and New Orleans. *The Jounal of the Urban Affairs Assosiation* 33(1): 61-82.

Kahne, J. 2018 Gentle gentrification in the exceptional city of LA?. in Lees, L. and Phillips, M. eds., *Handbook of Gentrification Studies*, 310-328, Cheltham and Northampton: Edward Elgar Publishing.

Kureha, M. 2014 Changes in Japanese ski resorts with the development of inbound tourism. A case study of Niseko-Hirafu district, Hokkaido. *Asia Pacific World* 5(2): 32-43.

Liçaj, B. 2014 Albergo Diffuso: Developing Tourism through Innovation and Tradition the Case of Albania.Lecturer, University "*Aleksandër Moisiu*" Durrës, Faculty of Business Albania 84-91.

London, J. 2017 Portland Oregon, music scenes, and change: a cultural approach to collective strategies of empowerment, *City Community* 16: 47-65.

Marcuse, P. 1986 Abandonment, gentrification, and displacement: the linkages in New York City. in Smith, N. and Williams, P. eds,. *Gentrification of the City,* 153-177, London: Routledge.

O'Sullivan, A. 2004 Gentrification and crime. *Journal of Urban Economics* 57:73-85.

Smith, N. 1996 *The New Urban Frontier: Gentrification and the Revanchist City.* London: Routledge.［スミス N. 著 原口 剛訳（2014）『ジェントリフィケーションと報復都市－新たなる都市のフロンティアー』ミネルヴァ書房］

Smith, N. 2007 Gentrification, displacement, and tourism in Santa Cruz de Tenerife. *Urban Geography* 28(3): 276-298.

Zukin, S. 1982 *Loft Living: Culture and Capital in Urban Change*. Baltimore: John Hopkins University Press.

Zukin, S. 1989 *Loft living: Culture and Capital in Urban Change.* Rutgers University Press.

Zukin, S. 2008 Consuming Authenticity. *Cultural Studies* 22(5): 724-748.

Zukin, S. 2009 *Naked City: The Death and Life of Authentic Urban Places*. Oxford University Press.［ズーキン S. 著 内田奈芳美・真野洋介訳（2013）『都市はなぜ魂を失ったか－ジェイコブズ後のニューヨーク論－』講談社］

あとがき

　私の夢は、小学校の先生になり、コーラスクラブの先生になることでした。担任の先生がコーラスクラブの顧問で、小学校 4 年の時からコーラスクラブに入り、毎日練習を重ね、NHK 全国学校音楽コンクール小学校の部で新潟県の代表になり、NHK ホールで歌った時からの夢でした。

　そして、浪人までして信州大学教育学部に進学し、教育実習に行った時点で教育者に向いていないと悟り、同級生の 9 割が小中学校の教員になっていく中、民間への就職活動を行いました。

　大学 3 年の時に実家の会社が倒産した時に「女でも自分で稼げるようにならなければならない」と考え、就職したのが㈱リクルートでした。その当時、男女雇用機会均等法が施行されていましたが、男女差のない企業は少ない時代でした。広告制作ディレクターとして取材に行ったり、コピーを書いたり、写真撮影のディレクションをしたり、アウトソーシングマネジメントやプロジェクトマネジメントなど、男女差もなく、夜中までたくさん働きました。

　42 歳で退職した後に、「一生分働いたので、のんびり働こう。」と考え、リクルート時代にクライアントでもあった大学に興味関心を寄せ、事務職として転職しました。その大学で、地域連携のコーディネーターとして出会ったのが兵庫県豊岡市の神鍋高原です。観光客数が減少している中、学生が地域活性化について考え、提案するという授業のコーディネートを行い、SNS による発信という場を設定しましたが、地域に変化は起きませんでした。それはとても当たり前のことで、学生の学びに地域の方にお付き合い頂いただけでは地域に変化は生まれません。大学と地域の連携の難しさを実感しました。

　大阪の大学に転職した時に学内メールで大阪市立大学創造都市研究科の社会人大学院生の募集を見て、大学における教育効果をともなう地域活性のありか

203

たについて研究をしたい、と考えて 46 歳で修士課程に進学しました。

　修士課程では、佐々木雅幸先生（大阪市立大学名誉教授）が主催するアート研に所属し、創造都市や創造農村に関わる都市や地域に訪問する機会を頂きました。佐々木先生には、現在に至るまで分担執筆や読書会の機会をご提供頂き、そこで出会った諸先生方の出会いから、多くの学びを得ています。その後、藤塚吉浩先生に修士課程の 2 回生から博士課程までご指導を賜りました。博士課程が終了した後も、ツーリズムジェントリフィケーションに関する文献の翻訳会や学会発表後の発表内容や査読論文に関するご教示など、たいへんお世話になっております。

　藤塚先生のご指導により、私は都市地理学や観光地理学の観点で研究を進めることができ、主題図を作成して研究する方法を取得することができました。ツーリズムジェントリフィケーションについて研究を進めることになったのも藤塚先生のご指導によるものです。博士課程で 2 本目の査読論文が不採択になり、藤塚先生の研究室に呼ばれ、「今後は主題図を書かないと無理でしょう」とのご教示のもと、Illustrator で主題図を作成する研究手法を学びました。この主題図をもとにした研究手法により、博士を取得した後も、ずっと研究を続けることができています。そして、藤塚先生が毎年、学会発表や査読論文に投稿されていたので、それが研究者の日常であると考え、私も学会発表や査読論文の執筆を重ねてきた結果、今回の出版に至りました。

　博士課程では、最終的な研究テーマを見出すことが出来ず、そんな時に学外の先生方にとてもお世話になりました。作野広和先生（島根大学）、川﨑興太先生（福島大学）、澤田雅浩先生（兵庫県立大学）の講演や学会発表を拝聴しながら、時折、研究に関する相談を行い、ご教示を賜りました。この先生方のように、学生と共に地域に入り、地域の課題を解決できるような研究者になりたいと考えるようになりました。

　呉羽正昭先生（筑波大学）は、日本地理学会で私が発表した内容に興味を寄せて頂き、科研の共同研究者として声をかけて頂きました。呉羽先生を通じて、また、新たな先生方と出会うことができました。

　博士課程で副査としてお世話になり初めての授業の機会をご提供頂いた有賀

あとがき

敏之先生（大阪市立大学名誉教授）、博士課程の時から何かと発表の機会をご提供頂いた髙橋愛典先生（近畿大学）、温かく見守り続けて頂いた井出文紀先生（近畿大学）・松野 陽先生（大阪成蹊短期大学）・吉本 勇先生（就実大学名誉教授）、五條市史編纂の機会を頂いた河本大地先生（奈良教育大学）。ひがし茶屋街の研究をきっかけに金沢大学先端観光科学研究所の客員准教授の機会を頂いた佐無田 光先生（金沢大学）、地理の基礎的なことをご教示頂いた小島大輔先生（大阪成蹊大学）、QGIS のご指導ならびに私の中のもやもやを吸収して頂いた荒木俊之先生（大阪成蹊大学）、矢掛や倉敷の情報などをご提供頂き一緒に研究を進めている神田將志先生（山陽学園大学）と、研究を始めて 12 年ですが、多くの先生方に支えられながら今日まで来ました。

　この初めての単著は、2018 年にご相談しながらも遅々と進まないでいた中、学会で会うたびにお声がけ頂き、辛抱強くお付き合い頂いた古今書院の原 光一さんにより出版に至ることになりました。

　2024 年 10 月より大阪公立大学大学院都市経営研究科で勤務することになりました。その前身は大阪市立大学創造都市研究科で、私が研究の機会を得た大学院です。ここでも変わらず研究に励みながら、大学院生の指導に努めたいと思います。

　最後に、「大学を卒業したら新潟で先生になる」と言っていたのに卒業後は新潟に戻らず、リクルートを退職してもそのまま好きな神戸に残ることを許してくれた両親と弟に感謝しています。両親が健在で、弟が傍にいてくれているので、私は自分の思うままの人生を歩むことができました。

　今回の書籍の出版により、子どもの頃からの 3 つの夢、「キャリアウーマン」「先生」「本を出す」が全て叶いました。

　　2024 年 12 月

池田 千恵子

索　引

【ア　行】

アーケード　155,156

アーティスト　20-22,43,148

空き店舗　10,12,111,114,116,128,132,135-138,
146,148,149,152,153,155,157,158,162-164,
167,169-171,173,174,177,182,185,189,190

空き家　10,12,24,34,35,37,39,41,46,48,53,57,
58,68,84,92,93,114,116,119,120,123,124,128,
132,146,149,167,168,170,171,173,174,177,
182,185,186,189,190

朝市　141-143,146

アルベルゴ・ディフーゾ　10-12,116,117,122,
125,168-170,172-174,181-183,188,190

アルベルゴ・ディフーゾ・タウン　122

移住　168

移住希望者　146,177

移住者　124,128,176,178,179

居場所の立ち退き　8,9,39,187

イベント　140,141,158,161,182

インナーシティ　12,16,18,19,23-25,31

インナーシティ政策　17

インナーシティの再生　36

インナーシティ問題　2,16-18,22-24,26,37,38,
185

インバウンド　1,97,114,187

インバウンド戦略　102

エスニックマイノリティ　24

エリアマネジメント　110,111,169

大型ショッピングセンター　160

オーバーツーリズム　3,7,110

オールドカマー　23,24

置屋　67,68,75

穏やかなジェントリフィケーション　189,190

【カ　行】

開業支援　147

外国人宿泊客　64

外国人宿泊者数　4

改修　144

外部資本　114,116,128

買い回り品　159

書き割り　94

駆け付け要件　71,72

過疎化　119,128

過疎地域　100

カフェ　9,10,21,69,99,107,109,110,113,114,
124,125,148,169,176,187

簡易宿所　23,37-39,42,44,46-48,50,52,57,58,
63-65,67-75,80,81,83-85,88,90-93,110,186,
187

雁木　155,156

観光資源　110,128

観光地域づくり法人　103

観光地化　13

観光まちづくり　10,99

観光リーケージ　4

官民連携　176

寛容性　141,165

起業支援　137,148

共同住宅　25,31,32,34

クリエイター　125,128,185

景観　94,97,98,106,110,111,113,119,145,156

景観整備　119-121

景観の消費　98,99

景観保全　93,111,113

景観まちづくり　94

経済的衰退　17,18,26,27,186

ゲストハウス　5,16,69,83,86,106,144,161,182

玄関帳場　65,72,91,93,186

工業都市　26

後継者不足　148

公示地価　125,128

高所得者層　19

工房　139,146

交流人口　148,152,171

高齢化　23,24,135,146,148

高齢者　178

古民家　117,169

古民家再生　168

コンシェルジュ　126

【サ　行】

再開発　19,24

細街路　35,39,68

再活性化　25,133,142,146

再生　111,151

再投資　19,21

再利用　10,39,58,80,90,94,116,117,125,128,
　　147,151,152,154,164,167-169,173-176,182,
　　185,186,190

サブリース方式　138

シェアオフィス　70

ジェントリフィケーション　16,19,22,23,25,
　　98

持続可能な観光　129

地場産業　23

社会的不利益　23,30

社会的不利益の集積　17-19,26,30

修景　94,98

住宅の立ち退き　8,39,187

重要伝統的建造物群保存地区　80,81,87,93,
　　119

宿場町　118,119,168,170,174

商業施設　69

商業の立ち退き　8,9,39,110,187

商店街　135

昭和レトロ　133,146

助成金　157

新規居住者　151

新規雇用　146,162

新規事業　186

新規事業者　128,133,137,146-149,151,160,
　　162,164,165,169,174,177-179,185,190,191

新規店舗　165

新規流入者　132,133,137

人口回帰　25,26

人口減少　2,18,19,23,24,26

新築のジェントリフィケーション　19

衰退　6

衰退地域　19

スモールビジネス　70,71,75

セルフビルド方式　138

専門・技術、管理職　18

創業支援　123,173,182

創作活動　148

ソーシャルミックス　25

【タ　行】

立ち退き　8-10,19,21,25,38,39,44,69,187

脱工業化　26

単身高齢者　119

地域価値　169

地域活性化　133

地域再生　20,116,117,129,147,151,165,167,
　169,170,185

地域資源　116,128,129,167,168,174,180,188

地域ブランド　142

地価高騰　59

茶屋　65,67,68,70

茶屋街　81

茶屋建築　70,81,89,90,93,94,99

茶屋町　81

チャレンジショップ　157

中間階級　98

中心業務地区　21

中心市街地　6,12,31,32,151-155,163,164,179,

181,185,189,190

中心市街地活性化基本計画　134,152-154,
　157,163,164

中心市街地活性化基本方針　152

中心市街地活性化法　152

通行量　152-155,162,163

ツーリズムジェントリフィケーション　8-11,16,
　36,38,39,59,60,64,69,75,97,98,109,110,114,
　116,117,125,186-190

低所得者層　8,18,19,23,38,187

テーマパーク化　94,99

伝建地区　87-89,92-94

伝統産業　26,35

伝統的建造物　119

伝統的工芸品　89

登録有形文化財　113

篤志家　148

都市成長境界線　20

【ナ　行】

長屋　147

ナショナルチェーン　160

ニューカマー　24

ニュータウン　23

【ハ　行】

廃業　113

泊食分離　111

花街　135

ビジット・ジャパン・キャンペーン　1

物的衰微　17,18,26,34,38,39,185,186

不動産価格　34,125,128

209

不動産所有者　145

不動産投資　9,21,186,187

富裕層　8,9,11,20,21,38,98,117,178,186

分散型宿泊施設　168,169,174,183,188,190

訪日外国人旅行者　1,4,34,36,39,59,63,97,99,
　101-103,111,113,171,186,187

訪日外国人旅行者数　2,5-8

補助金　156

保全　80,86,93,94,106,112,113,114,171

保全活動　110,128

ホワイトカラー層　23

【マ　行】

まち歩き　177

町ごとホテル　117,118,121,127

まちづくり　111,122,132,151

まちづくり３法　152

まちづくり会社　167

まちづくり推進協議会　156,157

まちなかホテル　171

街並み（町並み）　100,111,119

町家　23,26,32,35,37-39,41,43,48,52,53,56,58,
　59,63,65,67-69,75,80,84,86,119-121,125,128,
　186,187,191

町家ゲストハウス　9,37,42-44,46-48,50,52,
　54-56,58,59,65,67,68,84,87,91,98,186,187

まちやど　11,188

まるごと道の駅　127

マルシェ　182

密集市街地　39

モータリゼーション　135

最寄り品　159

【ヤ　行】

家守　132,133,136,137,141,142,145,146,148,
　149,167

家守会社　133

遊郭　65

遊休不動産　10,12,128,132,138,148,151,152,
　154,164,167,168,173,185,186,190,191

【ラ　行】

リゾート開発　97

リノベーション　56,111,132,137,138,140,144,
　145,147,148,151-153,167,168

リノベーション事業　136

リノベーションスクール　168

リノベーションまちづくり　12,128,167-169

歴史遺産　94

歴史的景観　119

歴史的建造物　10,20,22,75,80,89,94,117,128,
　148,168,170,171,175,189-191

歴史的市街地　98

歴史的町並み　58

レセプション　10,116,168,172,188

路地　32

路線価　39,55,68,75,92,93,98,99,110,114,125,
　128

ロフト法（Loft Law）　21

【ワ　行】

ワークショップ　111,140,141,156,158,161,
　162,164

索　引

【A 〜 Z】

CBD（Central Business District）　21

COVID-19　6,7,34,64,72,73,75,102,114,172,
174,187

DMO（Destination Management / Marketing
Organization）　103,127,169,172-174,183

I ターン　124

MaaS（Mobility as a Service）　173,181,182

PMS（Property Management System）　173,181

SNS　162

UGB（Urban Growth Boundary）　20

U ターン者　128

著者略歴

池田　千恵子（いけだ　ちえこ）

1967 年 甲府市生まれ。大阪公立大学大学院 都市経営研究科 准教授。金沢大学
先端観光科学研究所 客員准教授。信州大学教育学部卒，大阪市立大学大学院
創造都市研究科 後期博士課程修了。博士（創造都市）。株式会社リクルート，
株式会社リクルートメディアコミュニケーションズ，大阪成蹊大学 経営学部
准教授，芸術文化観光専門職大学 芸術文化・観光学部 准教授を経て現職。

主な著作：

『入門観光学』（共著　ミネルヴァ書房　2018 年）

『創造社会の都市と農村』（共著　水曜社　2019 年）

『福島原発事故と避難自治体』（共編　東信堂　2022 年）

『福島復興の視点・論点－原子力災害における政策と人びとの暮らし－』
　　（共著　明石書店　2024 年）

『入門観光学（改訂版）』（共著　ミネルヴァ書房　2024 年）

書　名	**歴史的建造物の再生とツーリズムジェントリフィケーション**
コード	ISBN978-4-7722-9022-7 C3036
発行日	2025 年 3 月 15 日　初版第 1 刷発行
著　者	**池田　千恵子** Copyright　© 2025 IKEDA Chieko
発行者	株式会社古今書院　橋本寿資
印刷所	株式会社太平印刷社
発行所	**株式会社 古今書院** 〒 113-0021　東京都文京区本駒込 5-16-3
電　話	03-5834-2874
F A X	03-5834-2875
U R L	https://www.kokon.co.jp/
	検印省略・Printed in Japan

いろんな本をご覧ください
古今書院のホームページ

https://www.kokon.co.jp/

★ 800点以上の**新刊・既刊書**の内容・目次を写真入りでくわしく紹介
★ 地球科学やGIS，教育など**ジャンル別**のおすすめ本をリストアップ
★ **月刊『地理』**最新号・バックナンバーの特集概要と目次を掲載
★ 書名・著者・目次・内容紹介などあらゆる語句に対応した**検索機能**

古 今 書 院

〒113-0021　東京都文京区本駒込 5-16-3

TEL 03-5834-2874　　FAX 03-5834-2875

☆メールでのご注文は order@kokon.co.jp へ